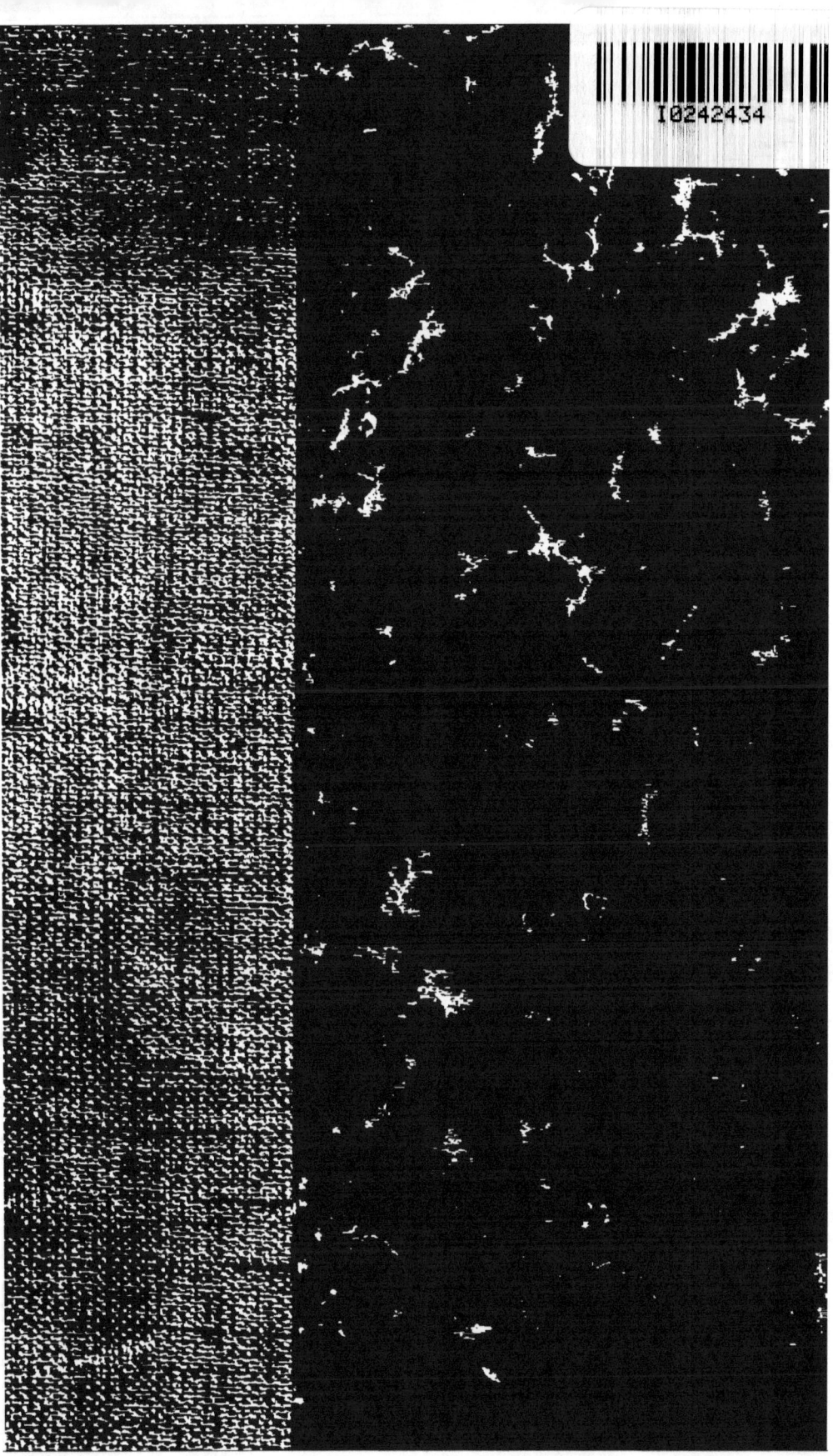

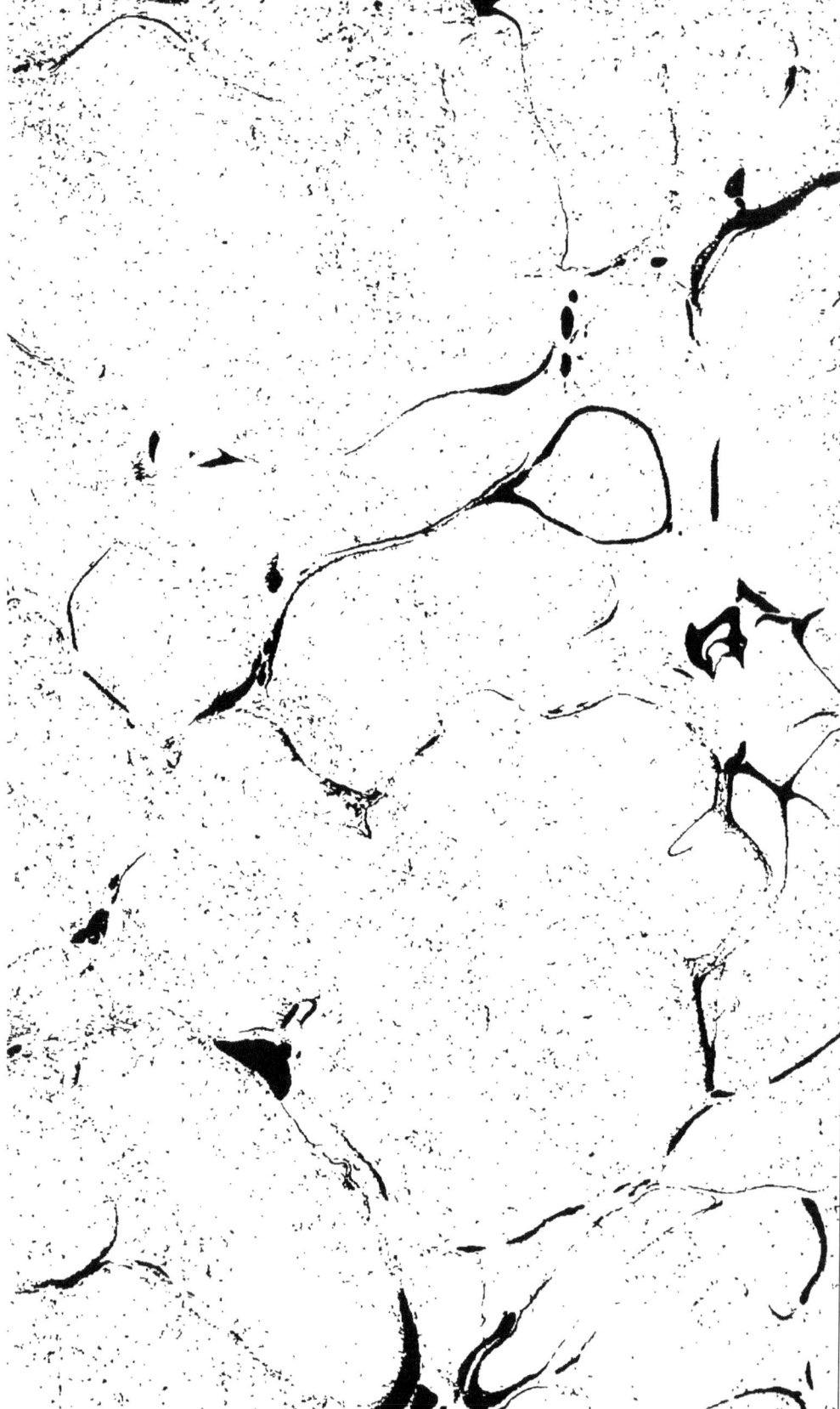

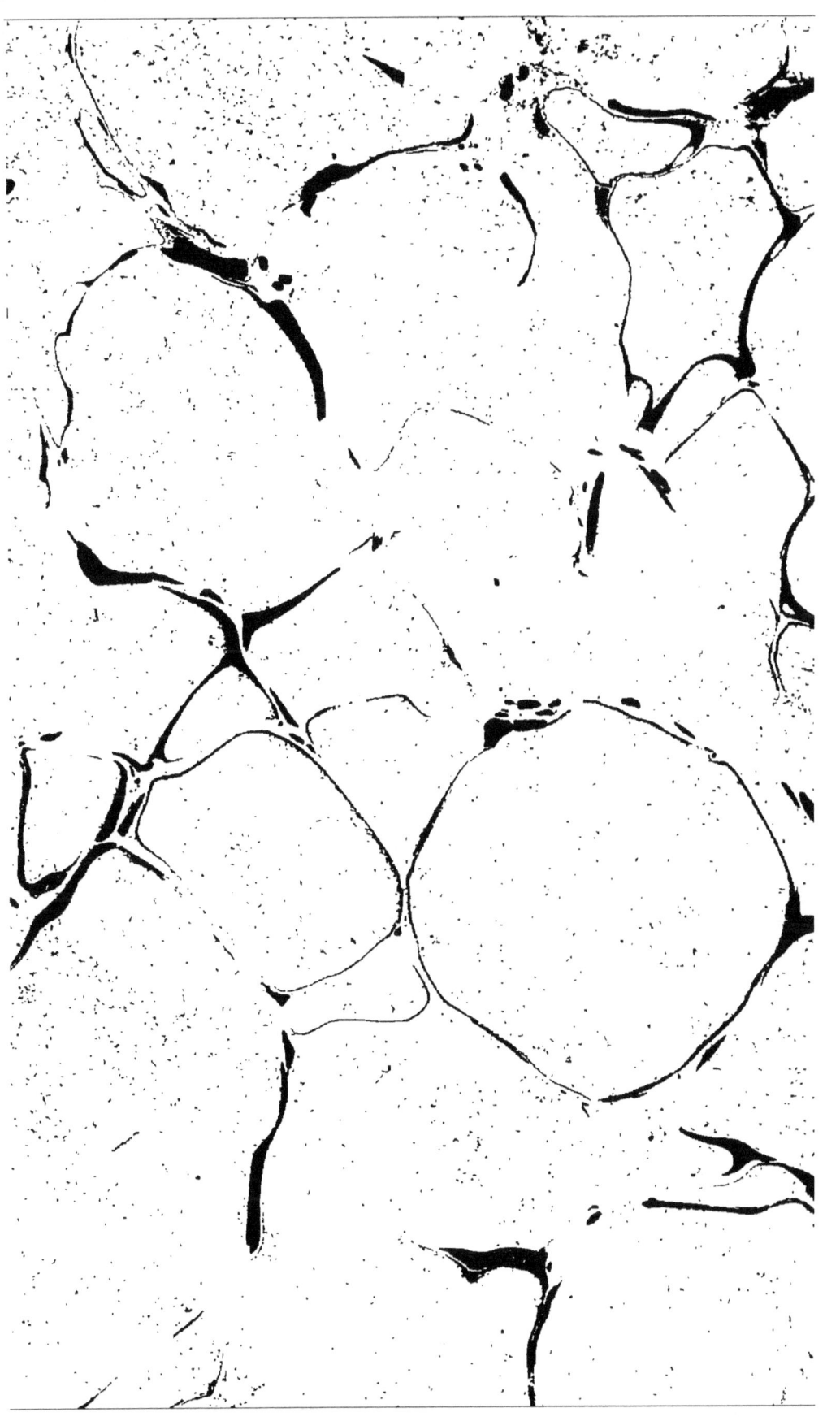

PRIX : 60 centimes.

ERASME

ÉLOGE DE LA FOLIE

(Traduction couronnée par l'Académie française)

PARIS
Ernest FLAMMARION, Éditeur
26, rue Racine, 26.

ÉLOGE
DE LA FOLIE

*Lettre adressée par M. Thiers à l'auteur
de cette traduction.*

Mon cher monsieur Develay,

J'ai profité des quelques jours d'indisposition, pendant lesquels j'ai gardé la chambre, pour lire votre traduction des COLLOQUES. Une fois alléché, j'ai lu la FOLIE, et je dois vous dire que je suis charmé de ces deux traductions. Elles sont fidèles, élégantes, vives de style et rendent parfaitement leur original. Je vous en fais donc mon sincère compliment, et je vous engage fort à continuer.

Recevez mes sincères amitiés.

A. THIERS.

Paris, 11 juillet 1876.

ÉLOGE
DE LA FOLIE

D'ÉRASME

TRADUIT PAR VICTOR DEVELAY

ET ORNÉ DE

DESSINS DE HANS HOLBEIN

PARIS
ERNEST FLAMMARION, ÉDITEUR
26, RUE RACINE, PRÈS L'ODÉON
—
Tous droits réservés.

NOTE DE LA PREMIÈRE ÉDITION

Le grand attrait de notre édition, pour les amateurs de gravures, sera dans les compositions d'Holbein, qui apparaissent pour la première fois telles que les a tracées la main du maître. Il ne s'agit pas ici d'une copie plus ou moins fidèle; ce sont les dessins eux-mêmes, photographiés sur bois, et gravés sur les marges d'un exemplaire de L'Eloge de la Folie, *conservé au Musée de Bâle, et auprès duquel des amateurs de tous les pays viennent chaque jour en pèlerinage. Trop souvent feuilleté par des mains peu soigneuses, dont il a malheureusement conservé les traces, le précieux exemplaire est protégé maintenant par une vitrine qui ne s'ouvre plus que rarement, et avec la recom-*

mandation expresse : « Regardez, mais ne touchez pas. » Aussi avons-nous de grandes obligations à l'aimable et intelligent directeur du Musée, M. His Heusler, pour l'exception qu'il a faite en notre faveur en confiant les dessins de L'ELOGE DE LA FOLIE à M. Knauss, l'artiste chargé de les reproduire. Ils ne pouvaient, d'ailleurs, être remis en de meilleures mains, ni en de plus habiles, et l'exactitude avec laquelle se trouve ici représentée cette portion presque inconnue de l'œuvre d'Holbein remplira de joie les admirateurs du grand maître allemand.

ÉRASME DE ROTTERDAM

A SON AMI THOMAS MORUS

SALUT

Dernièrement, pendant mon voyage d'Italie en Angleterre, pour ne pas perdre en conversations banales et insipides tout le temps qu'il me fallait passer à cheval, je résolus ou de méditer de temps en temps quelque chose qui eût trait à nos études communes, ou de me reporter par la pensée vers les amis si doctes et si aimables que j'allais revoir. Dans le nombre, mon cher Morus, vous occupiez le premier rang. Malgré l'absence, votre souvenir avait pour moi autant de charme que si j'eusse été à vos côtés, et que je meure si j'ai goûté dans ma vie de plus douce jouissance que votre société ! Voulant donc absolument faire quelque chose, et ne pouvant guère consacrer mon temps à un travail sérieux, j'imaginai de composer l'éloge de la Folie.

« Quelle Minerve vous a mis dans la tête cette idée-là ? » me direz-vous. D'abord, j'ai été frappé de votre nom de famille, Morus, qui se rapproche du mot Môria (1) autant que votre personne s'éloigne de la chose, car, de l'aveu de tous, vous êtes assurément l'homme qui en est le plus ennemi. Puis j'ai pensé que ce jeu de mon imagination vous sourirait plus qu'à tout autre, attendu que ce genre de badinage, qui, si je ne m'abuse, n'est point totalement dépourvu de savoir ni de goût, vous divertit fort, et que dans le train ordinaire de la vie vous imitez Démocrite. Quoique la haute portée de votre intelligence vous élève bien au-dessus du vulgaire, grâce à la douceur ineffable et à l'aménité de votre caractère, il vous est facile et agréable de vous montrer

---

(1) C'est le nom de la Folie en grec.

avec tous l'*homme de toutes les heures* (1).

Vous accepterez donc volontiers cette petite déclamation comme un *souvenir* de votre ami, et vous en prendrez aussi la défense, puisque, vous étant dédiée, elle n'est plus à moi, mais à vous. Il ne manquera peut-être pas de détracteurs qui trouveront à redire, les uns que ce sont des bagatelles indignes d'un théologien, les autres qu'elles sont trop mordantes pour ne pas blesser la modération chrétienne, et qui répéteront à grands cris que nous ressuscitons la comédie antique, que nous copions Lucien et que nous déchirons tout à belles dents.

Quant à ceux que scandalisent la légèreté et le plaisant du sujet, je les prie de remarquer que cet exemple ne vient pas de moi, mais que depuis longtemps il a été souvent mis en pratique par de grands écrivains. Il y a des siècles qu'Homère a chanté la *Batrachomyomachie* (2) ; Virgile, le moucheron et le

---

(1) Par ce proverbe, les anciens désignaient un caractère souple et accommodant.

(2) Le combat des rats et des grenouilles.

moretum (1); Ovide, le noyer. Polycrate (2) a fait l'éloge de Busiris (3), et Isocrate l'a réfuté. Glaucon (4) a célébré l'injustice; Favorinus (5), Thersite et la fièvre quarte; Synésius (6), la calvitie; Lucien, la mouche et le métier de parasite. Sénèque a écrit l'*Apothéose* de Claude; Plutarque, le dialogue de Gryllus (7) avec Ulysse; Lucien et Apulée, l'âne; et je ne sais qui, le testament du cochon de lait Grunnius Corocotta (8) dont saint Jérôme fait mention (9). Après tout, si cela leur plaît, qu'ils s'imaginent que j'ai joué aux échecs pour me distraire, ou,

(1) Mets rustique qui fait le sujet d'un petit poème attribué à Virgile.
(2) Rhéteur athénien qui se fit l'accusateur de Socrate.
(3) Tyran d'Égypte tué par Hercule.
(4) Un des interlocuteurs du dialogue *la République*, dans Platon.
(5) Philosophe et rhéteur gaulois, né à Arles, dans le deuxième siècle de l'ère chrétienne.
(6) Évêque de Ptolémaïs dans la Cyrénaïque, 360-415.
(7) Un des compagnons d'Ulysse, qui, changé en pourceau par la magicienne Circé, ne voulut jamais reprendre la forme humaine.
(8) Onomatopée qui désigne le testateur en question.
(9) Dans une préface de ses commentaires sur Isaïe.

s'ils aiment mieux, que je suis allé à califourchon sur un manche à balai.

Quelle injustice, quand nous accordons à chaque condition de la vie ses délassements, d'interdire aux études toute récréation, surtout si la plaisanterie repose sur un fond sérieux, et si elle est maniée de telle sorte que le lecteur un peu fin en retire plus de fruit que des élucubrations sévères et pompeuses de certains écrivains! Témoin ces discours cousus de pièces et de morceaux, où l'on vante la rhétorique et la philosophie, où l'on fait le panégyrique d'un prince, où l'on prêche la guerre contre les Turcs, où l'on prédit l'avenir, où l'on forge de nouvelles questions sur le poil des chèvres. Autant rien n'est plus sot que de traiter un sujet sérieux d'une manière frivole, autant rien n'est plus ingénieux que de traiter un sujet badin sans tomber dans l'enfantillage. C'est aux autres qu'il appartient de me juger; cependant, si l'*amour de soi* ne m'aveugle pas trop, l'éloge que j'ai fait de la Folie n'est point tout à fait déraisonnable.

Quant au reproche de causticité, je répondrai que l'écrivain a toujours été libre d'exercer sa raillerie sur toutes les conditions de la vie humaine, pourvu que la licence ne dégénérât point en frénésie. J'admire combien les oreilles sont délicates de nos jours; elles ne peuvent presque plus admettre que les qualifications honorifiques. On voit même des gens qui entendent tellement à rebours la religion qu'ils seraient moins choqués des plus horribles blasphèmes contre le Christ que de la plus légère plaisanterie sur un pape ou sur un prince, surtout s'il y va de leur *pain*.

Faire la critique de l'espèce humaine, sans fronder personne individuellement, je le demande, est-ce mordre? N'est-ce pas plutôt instruire et conseiller? D'ailleurs, ne me critiqué-je pas moi-même sous bien des rapports? Au surplus, qui n'excepte aucune condition sociale n'en veut à aucun homme, mais à tous les vices. Si donc quelqu'un se lève et s'écrie qu'il est blessé, celui-là décèlera sa culpabilité, ou du moins sa crainte.

DÉDICACE

Saint Jérôme a écrit dans ce genre avec bien plus de liberté et de mordant, souvent même sans épargner les noms. Pour nous, outre que nous nous sommes abstenu formellement de nommer qui que ce fût, nous avons ménagé nos expressions, et tout lecteur sensé comprendra que nous avons cherché plutôt à plaire qu'à mordre. Nous n'avons pas remué sans cesse, à l'exemple de Juvénal, la sentine cachée du vice; nous nous sommes attaché à passer en revue les ridicules plutôt que les turpitudes. S'il en est que ces raisons ne parviennent pas à calmer, qu'ils songent du moins qu'il est beau d'être censuré par la Folie, et qu'en la faisant parler nous avons dû garder le caractère du personnage.

Mais n'est-ce pas trop insister auprès d'un avocat dont le talent unique sait faire triompher les causes les moins bonnes? Adieu, très éloquent Morus; prenez chaudement la défense de votre Môria.

De la campagne, le 9 juin 1508.

ÉLOGE DE LA FOLIE

LA FOLIE PARLE

Quels que soient les propos que le monde tienne sur mon compte (car je n'ignore pas combien la Folie est mal famée, même auprès des plus fous), il n'est pas moins vrai que c'est moi, oui, moi seule, qui ai le secret d'égayer les dieux et les hommes. Ce qui le prouve hautement, c'est qu'à peine ai-je paru au milieu de cette nombreuse assemblée pour prendre la parole, une gaieté vive et extraordinaire a brillé sur toutes les figures. Soudain vos fronts se sont déridés; vous avez applaudi par des rires si aimables et si joyeux qu'assurément, tous tant que vous êtes, vous me paraissez ivres du nectar des dieux d'Homère, mélangé de népenthès (1), tandis que tout à l'heure, sombres et soucieux sur vos bancs, on vous eût pris pour des échappés de l'antre de Trophonius (2). De même que, quand le soleil montre à la terre sa face éclatante et radieuse, ou qu'après un rude hiver, le printemps reparaît, ramené par les zéphyrs, tout change aussitôt d'aspect, la nature rajeunie se pare de riantes couleurs : de même, à mon apparition, vos visages se sont transformés. Ainsi, ce que des rhéteurs, d'ailleurs habiles, à l'aide d'un long discours longuement préparé, parviennent difficilement à effectuer, j'entends dissi-

---

(1) Plante qui passait pour avoir la vertu de dissiper l'ennui.

(2) Ceux qui pénétraient dans l'antre de Trophonius, pour y consulter l'oracle, en rapportaient une impression de tristesse qu'ils gardaient pendant toute leur vie.

per l'ennui, moi je n'ai eu qu'à me montrer pour en venir à bout.

Quant au sujet qui m'amène aujourd'hui devant vous dans ce bizarre accoutrement, vous allez le savoir, si vous daignez m'écouter non pas avec l'attention que vous prêtez aux sermons des prédicateurs, mais avec les oreilles que vous avez coutume de dresser sur la foire devant les charlatans, les baladins et les bouffons, ou bien celles que notre cher Midas fit voir jadis à Pan (1). Il m'a pris fantaisie de faire un peu la sophiste devant vous, non certes comme ces pédants qui, de nos jours, bourrent la tête des enfants de bagatelles assommantes, et leur enseignent à disputer avec plus d'entêtement que des femmes, mais à l'exemple de ces anciens qui, pour éviter le nom déshonorant de sages, prirent celui de sophistes. Ils s'appliquaient à célébrer par des éloges la gloire des dieux et des héros. Vous allez donc entendre un éloge, non d'Hercule ni de Solon, mais le mien propre, celui de la Folie.

(1) Pan, fier de son talent sur la flûte, osa défier Apollon. Midas, choisi pour juge, se prononça en faveur de Pan, et, pour le punir de son mauvais goût, Apollon le gratifia d'oreilles d'âne.

Je me moque de ces sages qui prétendent que se louer soi-même est le comble de la folie et de l'impertinence. Folie tant qu'ils voudront, pourvu qu'ils reconnaissent qu'elle n'est point déplacée. Quoi de plus naturel, en effet, que la Folie entonne ses louanges et se *fasse elle-même sa trompette?* Qui pourrait mieux me dépeindre que moi? A moins qu'il n'y ait par hasard quelqu'un qui me connaisse mieux que moi.

Il me semble d'ailleurs qu'en cela je fais preuve de plus de modestie que le commun des grands et des sages, qui, par une fausse honte, subornent un rhéteur courtisan ou un poète hableur, et le soudoient pour l'entendre réciter leurs louanges, c'est-à-dire un tissu de faussetés. Néanmoins l'humble sire, à la façon du paon, fait la roue et se rengorge pendant qu'un flatteur impudent compare aux dieux cet homme de rien; qu'il le donne comme un parfait modèle de toutes les vertus, sachant fort bien qu'il en est l'*antipode*; qu'il pare une corneille de plumes étrangères; qu'*il blanchit un Éthiopien, et que d'une mouche il fait un éléphant*. Enfin je suis ce vieux proverbe où il est dit qu'*on a raison de se louer soi-même quand on ne trouve pas d'autre apologiste*.

Et, à ce propos, je m'étonne dois-je dire de l'ingratitude ou de la paresse des humains, qui tous me font une cour assidue, qui sentent avec plaisir mes bienfaits, et dont pas un, depuis tant de siècles, ne s'est levé pour célébrer d'une voix reconnaissante les louanges de la Folie, quand on en voit qui ont vanté, aux dépens de leur huile et de leur sommeil, dans des éloges composés avec art, les Busiris, les Phalaris (1), la fièvre quarte, les mouches, la calvitie et autres pestes de ce genre.

Le discours que vous allez entendre, pour être improvisé et sans préparation, n'en sera que plus vrai. Je ne dis pas cela, croyez-le bien, pour faire parade d'esprit, à l'exemple du commun des orateurs. Ceux-ci, vous le savez, quand ils débitent un discours qui leur a coûté trente années entières de travail, qui quelquefois n'est pas d'eux, jurent qu'ils n'ont mis que trois jours à l'écrire, ou même à le dicter en se jouant. Pour moi, j'ai toujours eu grand plaisir à dire *à tort et à travers tout ce qui me vient à la bouche.*

N'attendez pas de moi que, selon la coutume de ces rhéteurs vulgaires, je procède par une définition de ma personne, et encore moins par une division. Il serait doublement malséant de circonscrire dans des limites une divinité dont l'empire s'étend partout, et de morceler celle à qui toute la terre rend un hommage unanime. A quoi bon d'ailleurs tracer dans une définition mon esquisse ou mon portrait, quand vous tous ici pré-

---

(1) Tyran d'Agrigente, en Sicile, qui inventa le supplice du taureau d'airain.

sents vous me contemplez de vos yeux en personne ?

Je suis, comme vous voyez, cette véritable dispensatrice des *biens*, que les Latins nomment *Stultitia* et les Grecs Môria. Mais qu'ai-je besoin de le dire ? Ne porté-je pas mon nom écrit sur mon front et dans toute ma personne ? et si quelqu'un s'avisait de me prendre pour Minerve ou pour la Sagesse, ne suffirait-il pas, pour le détromper, d'un seul regard, sans recourir à la parole, ce miroir infaillible de l'âme ? Chez moi, point de fard ; je ne feins pas sur mon visage un sentiment que mon cœur ne partage point. Je suis partout semblable à moi-même, si bien que ceux qui s'affublent le plus du masque et du nom de la Sagesse ne parviennent pas à me déguiser ; ils marchent comme des singes sous *la pourpre et des ânes sous la peau du lion*. Ils ont beau se contrefaire, le bout de l'oreille qui perce trahit Midas.

Quelle ingratitude de voir des hommes, qui sont mes plus fidèles partisans, rougir de mon nom devant le monde au point de le jeter communément à la face d'autrui comme une grosse injure ! Ces êtres, en réalité *archifous*, qui veulent passer pour

des philosophes, pour des Thalès (1), ne mériteraient-ils pas bien d'être appelés *sages fous*? Je veux imiter par là les rhéteurs de notre temps, qui se croient tout à fait des dieux si, comme la sangsue, ils sont bilingues, et qui s'imaginent faire merveilles en enchâssant de temps à autre dans un discours latin quelques mots grecs, en forme de mosaïque, quand même ils ne sont pas à leur place. A défaut de termes exotiques, ils déterrent dans de vieux parchemins quatre ou cinq expressions surannées pour jeter de la poudre aux yeux du lecteur, afin que ceux qui les comprennent en soient tout fiers, et que ceux qui ne les

(1) Philosophe grec, fondateur de l'école ionienne, né dans le septième siècle avant J.-C.

comprennent pas les admirent d'autant plus qu'ils n'y entendent goutte. Car un plaisir délicat des nôtres, c'est de s'extasier devant tout ce qui leur est le plus étranger. Veulent-ils faire les connaisseurs, ils sourient, applaudissent, et, comme l'âne, *remuent les oreilles* pour montrer aux autres qu'ils ont bien compris : *C'est cela, c'est cela même!* Je reviens à mon sujet.

Vous savez donc mon nom, hommes... quelle épithète ajouterai-je?... archifous. N'est-ce pas le plus honorable titre que la déesse Folie puisse donner à ses adeptes? Mais comme mon origine est assez peu connue, je vais, les Muses aidant, essayer de vous la dire.

Je n'ai eu pour père ni le Chaos, ni Pluton, ni Saturne, ni Japet, ni aucun de ces dieux usés et décrépits. Je suis fille de *Plutus*, qui seul, en dépit d'Hésiode, d'Homère et même de Jupiter, est *le père des dieux et des hommes*. Aujourd'hui comme autrefois, sa volonté suffit pour remuer ciel et terre. Guerres, paix, commandements, conseils, tribunaux, comices, mariages, traités, alliances, lois, arts, divertissements, travaux... je perds haleine; bref, il administre à sa guise toutes les affaires publiques et privées des hu mains. Sans son assistance, tout ce peuple de divinités poétiques, je dis plus, les dieux supérieurs eux-mêmes, n'existeraient pas, ou du moins, *vivant au logis*, ils feraient maigre chère. Celui à qui il en veut, le bras même de Pallas ne le sauverait pas. En revanche, celui qu'il protège peut envoyer paître le grand Jupiter avec sa foudre. *Je me glorifie d'avoir un tel père.*

Je ne suis point issue de son cerveau, comme la farouche et sauvage Pallas de celui de Jupiter ; il m'a fait naître de la nymphe la plus jolie et la plus charmante de toutes, la *Jeunesse*. Il ne lui était point attaché par les tristes nœuds du mariage, qui ont produit ce forgeron boiteux, mais, ce qui a bien plus de charme, *il lui était uni par l'amour*, suivant l'expression de notre Homère. Mon père, ne vous y trompez pas, n'est point le Plutus d'Aristophane, qui a un pied dans la tombe et qui ne voit goutte ; c'est Plutus encore plein de vigueur, tout bouillant de jeunesse, et pas seulement de jeunesse, mais bien plus du nectar qu'il venait de sabler à la table des dieux.

Si vous désirez connaître le lieu de ma naissance, puisqu'aujourd'hui la noblesse dépend surtout de l'endroit où l'on a poussé ses premiers vagissements, je ne suis venue au monde ni dans la flottante Délos, ni dans la mer orageuse, ni *dans le fond d'une grotte*, mais au sein des îles Fortunées, où l'on récolte tout *sans semailles ni labour*. Le travail, la vieillesse, les maladies, y sont inconnus. On ne voit dans les champs ni asphodèle, ni mauve, ni scille, ni lupin, ni fève, ni autres plantes vulgaires. De tous côtés, le moly, le panais, le népenthès, la marjolaine, l'armoise, le lotus, la rose, la violette, l'hyacinthe, ornements du parterre d'Adonis, caressent la vue et l'odorat. Née au milieu de ces délices, je n'ai point inauguré mon entrée dans la vie par des pleurs, mais j'ai tout de suite souri agréablement à ma mère.

Je n'envie point *au puissant fils de Saturne* la chèvre qui l'allaita, puisque deux nymphes fort jolies, l'*Ivresse*, fille de Bacchus, et l'*Ignorance*, fille de Pan, m'ont nourrie de leurs mamelles. Vous les voyez ici même dans le groupe de mes compagnes et de mes suivantes. Quant à celles-ci, si vous voulez savoir leurs noms, ma foi, je ne vous les dirai qu'en grec.

Celle que vous apercevez le sourcil rehaussé est *Philautie* (1). Celle qui a le regard souriant et qui

(1) L'amour de soi-même.

bat des mains se nomme la *Flatterie*. Celle qui est assoupie et qui semble dormir s'appelle l'*Oubli*. Celle qui s'appuie sur ses deux coudes et qui a les bras croisés est la *Paresse*. Celle qui est couronnée de roses et tout imprégnée de parfums est la *Volupté*. Celle dont les yeux égarés errent de tous côtés est l'*Étourderie*. Celle qui a le teint fleuri et qui jouit d'un bel embonpoint est la *Mollesse*. Vous voyez encore parmi ces jeunes filles deux dieux, dont l'un se nomme *Comus* et l'autre le *Sommeil léthargique*. Tels sont les serviteurs dévoués à l'aide desquels je tiens tout l'univers sous ma domination, et je commande même aux rois.

Vous connaissez ma naissance, mon éducation, ma suite. Maintenant, pour que l'on ne m'accuse pas d'usurper sans motif le titre de déesse, je vais énumérer tous les avantages que je procure aux dieux et aux hommes, et montrer combien est vaste l'étendue de mon empire : écoutez-moi de toutes vos oreilles.

Si un écrivain n'a pas eu tort de dire que le propre de la divinité est de soulager les mortels ; si l'on a eu raison d'admettre dans l'assemblée des dieux ceux qui ont découvert le vin, le blé et autres éléments de bien-être, pourquoi ne serais-je pas nommée à juste titre l'*Alpha* de tous les dieux, moi qui seule prodigue à tous toutes sortes de bienfaits? Premièrement, qu'y a-t-il de plus doux et de plus précieux que la vie? Et à qui, en définitive, en est-on redevable, sinon à moi? Ce n'est ni la lance de Pallas *née d'un père tout-puissant*, ni l'égide de Jupiter *rassemblant les nuées*, qui engendre ou qui propage l'espèce humaine. Le père des dieux et le roi des hommes lui-même, qui d'un signe de sa tête fait trembler tout l'Olympe, est forcé de mettre bas sa foudre à triple dard et ce visage de Titan qui, quand il lui plaît, glace d'épouvante tous les dieux, pour jouer comme un misérable histrion un personnage d'emprunt chaque fois qu'il veut faire ce qu'il fait assez souvent, c'est-à-dire *procréer*.

Les stoïciens se croient presque des dieux. Eh bien, qu'on me donne un stoïcien qui le soit trois et quatre fois, ou, si l'on veut, mille fois; s'il ne coupe pas sa barbe, cet emblème de la sagesse qu'il a de commun avec les boucs, il baissera du moins le sourcil, déridera le front, abdiquera ses

principes de bronze, fera des extravagances et s'oubliera quelque peu. Bref, il faudra que ce sage me mande auprès de lui, moi, oui, moi, s'il veut être père.

Mais pourquoi ne pas vous parler crûment, selon mon habitude? Dites-moi, est-ce la tête, est-ce le visage, est-ce la poitrine, est-ce la main, est-ce l'oreille, sont-ce toutes ces parties, dites honnêtes, qui engendrent les dieux et les hommes? Non, assurément : ce qui perpétue l'espèce humaine, c'est cette partie si folle et si comique qu'on ne peut la nommer sans rire. C'est dans cette source sacrée que tous les êtres puisent la vie bien plus que dans le quaternaire de Pythagore (1). Eh bien, je le demande, quel homme consentirait à se laisser mettre le licou du mariage si, comme font ces sages, il examinait auparavant les désagréments de cet état? Quelle femme voudrait s'unir à un homme si elle connaissait ou si elle se rappelait le dangereux travail de l'enfan-

---

(1) Allusion à deux vers de Pythagore dont voici la traduction : *J'en jure par celui qui a transmis dans notre âme le sacré quaternaire, source de la nature dont le cours est éternel.* — Le mot *quaternaire* correspond au nombre quatre.

tement et tous les ennuis de la maternité? Or, si vous devez la vie au mariage, vous devez le mariage à ma suivante l'*Étourderie;* ne voyez-vous donc pas combien vous me devez? Quelle est la femme qui, après avoir subi une seule fois de pareilles épreuves, voudrait encore recommencer, si l'*Oubli* que voilà ne lui était favorable? Vénus elle-même, quoi qu'en dise Lucrèce, ne saurait nier que, sans mon intervention, toute sa force serait impuissante et vaine. C'est de ce jeu extravagant et risible que proviennent les philosophes renfrognés, remplacés aujourd'hui par ceux que l'on nomme vulgairement moines, les rois vêtus de pourpre, les prêtres pieux, les pontifes trois fois saints. Ajoutez encore toute cette assemblée des dieux poétiques, dont la foule est si nombreuse que l'Olympe, tout vaste qu'il est, a peine à les contenir.

Mais j'avoue que ce serait peu de chose de me devoir la source et le principe de la vie, si je ne vous faisais voir encore que tout le bonheur qu'on y trouve est un don de ma libéralité.

Que serait la vie, mériterait-elle le nom de vie si l'on en ôtait le plaisir? Vous applaudissez. Je savais bien que pas un de vous n'était assez sage;

ou plutôt assez fou, je me trompe, assez sage pour ne pas être de mon avis. Les stoïciens eux-mêmes ne sont point ennemis du plaisir; ils ont beau dissimuler et l'accabler de mille injures devant le monde, c'est pour en dégoûter les autres afin de s'en donner eux-mêmes à cœur joie. Par Jupiter! qu'ils me disent quel instant de la vie n'est point triste, maussade, ennuyeux, insipide, assommant, si l'on n'y joint le plaisir, c'est-à-dire l'assaisonnement de la folie? Je pourrais invoquer à ce sujet le témoignage imposant d'un homme qu'on ne saurait trop louer, de Sophocle, qui a laissé ce magnifique éloge de moi: *C'est l'absence de toute sagesse qui fait le charme de la vie;* mais je préfère établir mes preuves en détail.

D'abord, tout le monde sait que le premier âge de l'homme est sans contredit le plus heureux et le plus choyé. Qu'ont de particulier les enfants pour les couvrir ainsi de nos baisers, les choyer, les dorloter, pour que l'ennemi même s'attendrisse en leur faveur, sinon l'attrait de la Folie? C'est un présent que la nature prévoyante a fait à dessein aux nouveau-nés, afin qu'ils pussent payer en plaisir les fatigues de ceux qui les élèvent et s'attirer leurs soins protecteurs. A l'enfance suc-

cède la jeunesse. Comme elle est bien vue de tout le monde ! Comme chacun la fête ! Comme on se plaît à l'encourager ! Avec quel empressement on lui tend une main secourable ! Or, je le demande, d'où vient ce charme de la jeunesse ? D'où, sinon de moi qui, en lui ôtant la raison, l'exempte en même temps de tout souci ? Qu'on me taxe de mensonge s'il n'est pas vrai qu'à mesure que les jeunes gens grandissent et que l'expérience et l'étude les rapprochent de l'âge mûr, leur teint se fane, leur vivacité s'émousse, leur gaieté se refroidit, leur vigueur s'altère. Plus l'on s'éloigne de moi, moins on vit, jusqu'à ce que vienne *la vieillesse chagrine*, aussi à charge aux autres qu'à elle-même. Assurément nul ne pourrait la supporter si je n'avais encore pitié de tant de maux, et si, à l'exemple des dieux des poètes, qui sauvent par une métamorphose ceux qui vont périr, je ne ramenais à l'enfance, autant que possible, ceux qui sont sur le bord du tombeau. Aussi est-ce avec raison que l'on a surnommé la vieillesse *une seconde enfance*.

Si l'on veut savoir comment j'opère ce rajeunissement, je n'en ferai pas mystère. Je conduis les vieillards sur le bord de mon Léthé, qui prend sa source dans les îles Fortunées (celui qui coule dans les Enfers n'est qu'un tout petit ruisseau), afin qu'en y buvant l'oubli à longs traits, ils noient peu à peu tous leurs soucis et rajeunissent. Mais, dira-t-on, ils radotent, ils déraisonnent. D'accord. C'est précisément ce que j'appelle retomber dans l'enfance. Radoter, déraisonner, n'est-ce pas être enfant? Ce qui plaît le plus dans cet âge, n'est-ce pas l'absence de la raison? Qui ne hait comme un monstre, qui n'abhorre l'enfant d'une sagesse virile? Témoin ce proverbe populaire : *Je n'aime pas l'enfant d'une raison précoce* (1).

Qui voudrait fréquenter un vieillard qui, à son

---

(1) Sentence de Publiblius Syrus.

expérience consommée de la vie, joindrait autant de fermeté de caractère et autant de pénétration de jugement? Aussi, grâce à moi, le vieillard radote. Mais ce radoteur, mon protégé, échappe à tous les maux qui tourmentent le sage. Il est gai partisan de la bouteille. Il ne sent pas l'ennui de la vie qu'un âge plus robuste supporte difficilement. Parfois, comme le vieillard de Plaute, il revient aux trois lettres (1), et serait bien à plaindre s'il jouissait de toute sa raison. Heureux donc par mes bienfaits, il est agréable à ses amis et bon compagnon. Ainsi dans Homère les paroles qui s'échappent de la bouche de Nestor sont plus douces que le miel, tandis que celles d'Achille sont pleines d'amertume, et, suivant le même poète, les vieillards assis sur les remparts font entendre une voix *pleine de douceur* (2). C'est là le grand avantage qu'ils ont sur l'enfance, charmante à la vérité, mais muette et privée du principal agrément de la vie, qui est de babiller. Ajoutez que de son côté le vieillard raffole de l'enfant, et que l'enfant à

(1) Ces trois lettres, que le vieillard libertin Démiphon confesse avoir apprises en retournant à l'école, sont : *amo*, j'aime. (PLAUTE, *Le Marchand*.)
(2) HOMÈRE, *Iliade*, III, 52.

son tour est épris du vieillard : *car Dieu rapproche toujours les semblables* (1). Quelle différence y a-t-il entre eux, sinon que l'un a plus de rides et compte plus d'anniversaires ? A cela près, cheveux blancs, bouche édentée, taille raccourcie, appétence du lait, balbutiement, bavardage, niaiserie, oubli, étourderie, en un mot tout se ressemble. Plus on vieillit, plus on se rapproche de l'enfance, jusqu'à ce que l'on s'éteigne, comme l'enfant, sans regretter la vie, sans redouter la mort.

Maintenant compare qui voudra mes bienfaits aux métamorphoses des autres dieux. Je laisse de côté leurs traits de vengeance. Leurs plus chers favoris, ils les transforment d'ordinaire en arbre, en oiseau, en cigale, voire même en serpent, comme si ce n'était pas mourir que de changer de forme. Moi, je replace l'homme dans la période la meilleure et la plus heureuse de sa vie. Ah ! si les mortels rompaient tout commerce avec la Sagesse et vivaient perpétuellement avec moi, ils ne vieilliraient jamais et jouiraient avec bonheur d'une jeunesse éternelle. Ne voyez-vous pas ces visages

---

(1) Homère, *Odyssée*, XVII, 218.

sombres, plongés dans l'étude de la philosophie ou dans des affaires sérieuses et ardues, vieillis pour la plupart avant d'avoir été jeunes, parce que les soucis et une tension d'esprit continuelle ont peu à peu tari chez eux le souffle et la sève de la vie? Mes fous, au contraire, gras, luisants, dodus, vrais

pourceaux d'Acarnanie (1), ne ressentiraient jamais les inconvénients de la vieillesse si, comme il arrive, la contagion des sages ne les gâtait quelque peu. Tant il est vrai qu'il ne peut pas exister sur la terre de bonheur parfait. Ajoutons à cela le puissant témoignage du dicton populaire où il est dit que la Folie est la seule chose qui arrête la

(1) L'Acarnanie, province de la Grèce, nourrissait les pourceaux les plus gras.

jeunesse dans son vol et qui chasse au loin la vieillesse chagrine. Aussi est-ce avec raison que l'on dit des Brabançons que, tandis que les autres hommes gagnent en sagesse avec l'âge, eux, à mesure qu'ils approchent de la vieillesse, deviennent de plus en plus fous. Assurément, il n'y a pas de peuple aussi aimable dans le commerce de la vie et qui ressente moins les ennuis de la vieillesse. Mes Hollandais, leurs voisins, imitent leur manière de vivre. Je puis bien dire mes Hollandais, car le culte qu'ils ont pour moi est si fervent qu'il leur a valu un sobriquet dont ils rougissent si peu qu'ils s'en font un titre de gloire.

Allez maintenant, mortels stupides, demander aux Médée, aux Circé (1), aux Vénus, aux Aurore, à je ne sais quelle fontaine, de vous rendre la jeunesse : seule j'ai ce pouvoir, seule je l'exerce. C'est moi qui possède ce philtre magique à l'aide duquel la fille de Memnon prolongea la jeunesse de Tithon, son aïeul. Je suis la Vénus qui sut rajeunir Phaon, au point que Sapho en devint éperdument amoureuse. Ce sont mes herbes, si herbes il y a, ce sont mes prières, c'est ma fon-

(1) Fameuses magiciennes.

taine, qui non seulement font revenir la jeunesse envolée, mais, ce qui est plus désirable, qui la conservent éternellement. Si vous êtes tous d'avis qu'il n'y a rien de plus beau que la jeunesse, rien de plus détestable que la vieillesse, ne voyez-vous pas combien vous me devez, puisque je garde un bien si précieux en éloignant un si grand fléau?

Mais c'est assez parlé des mortels. Parcourez le ciel entier; je permets à qui voudra de me faire une injure de mon nom, si l'on rencontre un seul dieu, aimable et attrayant, qui ne se recommande par mon pouvoir. Pourquoi Bacchus est-il toujours jeune et chevelu ? C'est que, plein de démence et d'ivresse, passant toute sa vie au milieu des festins, des danses, des chœurs, des divertissements, il n'a pas le moindre rapport avec Pallas. Il est si loin de prétendre passer pour sage qu'il se plaît à être honoré par des farces et des plaisanteries. Il ne s'offense pas du proverbe qui lui applique le surnom de Fou, en disant : *Plus fou que Morychus.* Ce nom de Morychus lui est venu de l'usage où sont les cultivateurs en liesse de barbouiller de moût de vin et de figues fraîches sa statue à la porte des temples. Que de sarcasmes l'ancienne comédie n'a-t-elle pas lancés contre lui ! « O le sot dieu ! disait-on, le digne avorton de la cuisse de Jupiter ! » Mais qui n'aimerait mieux être ce fou, ce sot, toujours gai, toujours jeune, respirant toujours le plaisir et la joie, que ce *sournois* de Jupiter, qui fait tout trembler; que le vieux Pan, qui empoisonne tout par ses terreurs soudaines (1); que Vulcain, tout couvert de cendre et noir de la fumée de sa forge ; et que Pallas elle-même à la Gorgone et à la lance terribles, *au regard toujours menaçant?* Pourquoi Cupidon est-il toujours en-

---

(1) C'est de là que vient le mot panique.

fant, sinon parce que, d'une humeur folâtre, il ne fait et ne conçoit *rien de sensé ?* Pourquoi la belle Vénus jouit-elle d'un éternel printemps ? Parce qu'elle est ma parente ; elle rappelle par son visage la couleur de mon père, et c'est pour cela qu'Homère la nomme *Vénus belle comme l'or.* Puis elle sourit toujours, si l'on en croit les poètes et leurs émules les statuaires. Quelle divinité fut plus entourée d'hommages par les Romains que Flore, la mère de tous les plaisirs ?

Du reste, lisez avec attention dans Homère et dans les autres poètes la vie des dieux les plus rigides, vous ne verrez partout que des traits de folie. Sans citer d'autres exemples, ne connaissez-vous pas tous les amours et les ébats de ce Jupiter qui lance la foudre ? Cette sévère Diane qui, au mépris de son sexe, ne fait que chasser, ne meurt-elle pas d'amour pour Endymion ? Il serait à souhaiter que Momus leur dît leurs vérités, comme il le faisait si souvent autrefois. Mais dernièrement les dieux irrités l'ont précipité sur la terre avec Até, parce que sa sagesse importune troublait leur félicité. Dans son exil, pas un mortel ne daigne l'accueillir, tant s'en faut qu'il trouve un asile à la cour des princes, où trône pourtant ma suivante la

Flatterie, qui s'accorde avec Momus comme le loup avec l'agneau. Aussi, depuis sa disparition, les dieux s'amusent cent fois plus et en pleine liberté ; *ils vivent parfaitement à leur aise*, comme dit Homère, à l'abri de tout censeur. Que de plaisanteries ce Priape en bois de figuier ne leur fournit-il pas ! Comme Mercure les divertit par ses larcins et ses escamotages ! Vulcain lui-même est le *bouffon* ordinaire de la table des dieux : sa démarche inégale, ses quolibets, ses balourdises, égayent les convives. Silène, ce barbon amoureux, danse la *cordace* (1) avec Polyphème qui bat *la terre lourdement* et les nymphes qui dansent la *gymnopédie* (2). Les Satyres à moitié boucs jouent des atellanes (3). Pan, avec une chanson bête, les fait tous pouffer de rire, et ils aiment mieux l'entendre que les Muses elles-mêmes, surtout quand le nectar leur monte à la tête. Vous dirai-je tout ce que font les dieux à la fin du repas, lorsqu'ils ont bien bu ? En vérité, ils commettent

---

(1) Danse lascive à laquelle se livraient les gens ivres et grossiers.

(2) Danse usitée à Lacédémone, où figuraient des hommes et des enfants nus.

(1) Petites pièces bouffonnes et licencieuses.

tant de folies que je ne puis moi-même m'empêcher d'en rire. Mais il vaut mieux sur cet article songer à Harpocrate (1), de peur que quelque dieu corycéen (2) ne nous écoute raconter des choses que Momus même n'a pas révélées impunément.

Maintenant, à l'exemple d'Homère, quittons les habitants des cieux pour redescendre sur la terre, où nous allons voir qu'il n'y a ni joie ni bonheur sans moi. Remarquez d'abord avec quelle prévoyance la nature, mère et nourricière du genre humain, a pris soin de répandre partout l'assaisonnement de la folie. Suivant la définition des stoïciens, la sagesse consiste à prendre la raison pour guide; la folie, au contraire, à obéir à ses passions; mais pour que la vie des hommes ne fût pas tout à fait triste et maussade, Jupiter leur a donné bien plus de passions que de raison : dans la proportion d'une demi-once à une livre. En outre, il a relégué la raison dans un petit coin de la tête, en laissant tout le reste du corps à la merci des passions. Puis il a opposé à la raison seule deux espèces de tyrans furieux : la colère, qui a son siège au centre de la poitrine, à la source

(1) Dieu du silence.
(2) Ce mot, chez les anciens, est synonyme de mouchard.

même de la vie, au cœur, et la concupiscence, dont l'empire s'étend jusqu'au bas de la région abdominale. Que peut la raison contre ces deux forces réunies ? La conduite des hommes en général le montre assez : tout ce qu'elle peut faire, c'est de se récrier à en perdre la voix et de répéter les préceptes du juste ; mais ils envoient paître leur roi et crient cent fois plus fort, jusqu'à ce que, de guerre lasse, il cède et donne les mains.

Mais comme l'homme, appelé à diriger les affaires, devait être gratifié d'un peu plus d'une once de raison, Jupiter, voulant remédier à cet inconvénient, me consulta selon son habitude. Je lui donnai aussitôt un conseil digne de moi, celui d'adjoindre à l'homme la femme, animal, j'en conviens, sot et déraisonnable, mais plaisant et gracieux, qui dans le commerce de la vie tempérerait et adoucirait par sa folie l'austérité du caractère de l'homme. Platon, en se demandant s'il devait placer la femme au rang des animaux raisonnables ou parmi les brutes, n'a eu d'autre intention que de montrer l'insigne folie de ce sexe.

Si par hasard une femme vise à passer pour sage, elle ne fait que se rendre doublement folle ; c'est comme si, en dépit de Minerve, on envoyait un bœuf au gymnase. Quiconque, malgré la nature, emprunte les dehors de la vertu et force son talent, fait mieux ressortir ses imperfections. *Le singe est toujours singe, fût-il vêtu de pourpre*, dit un proverbe grec : de même la femme est toujours femme, c'est-à dire folle, quelque masque qu'elle prenne.

Je ne pense pas pourtant que les femmes soient assez folles pour m'en vouloir de les taxer de folie, moi qui comme elles suis femme, et de plus la Folie. Car, à bien examiner la chose, n'est-ce pas à la Folie qu'elles doivent d'être, à beaucoup d'égards, plus heureuses que les hommes ? D'abord elles ont le privilège de la beauté, qu'elles mettent avec raison au-dessus de tout, et qui leur sert à exercer la tyrannie sur les tyrans eux-mêmes. D'où vient dans l'homme cette rudesse des traits, cette peau dure, cette forêt de barbe, qui sont les attributs de la vieillesse, sinon du vice de la raison ? Tandis que les femmes, les joues toujours lisses, la voix toujours flûtée, la peau délicate, semblent douées d'une jeunesse éternelle. D'ailleurs toute leur ambition dans cette vie n'est-elle pas de plaire le plus possible aux hommes ? N'est-ce pas à cela que visent tant de toilettes, tant de ards, tant de bains, tant de coiffures, tant de parfums, tant d'odeurs, tant d'artifices pour s'orner, se peindre, se déguiser le visage, les yeux et la peau? Leur plus grand mérite auprès des hommes, c'est la folie. Ceux-ci ne permettent-ils pas tout aux femmes? En échange de quoi, sinon de la volupté? Or les femmes n'ont pas d'autre attrait que la folie. On ne le niera point si l'on songe à toutes les balivernes que l'homme débite à la

femme, à toutes les extravagances qu'il commet chaque fois qu'il veut goûter les plaisirs de l'amour.

Vous savez maintenant quelle est la source du premier, du plus grand agrément de la vie. Mais il y a des gens, surtout parmi les vieillards, qui aiment mieux la bouteille que les femmes et mettent le bonheur suprême dans la table. Je laisse à d'autres à décider s'il peut y avoir un bon repas sans femmes. Ce qu'il y a de certain, c'est qu'il n'y en a point d'agréable sans l'assaisonnement de la folie. Si bien qu'à défaut d'un convive qui, par une folie vraie ou feinte, excite la gaieté, on mande un *bouffon* à gages, ou l'on invite un parasite plaisant, dont les saillies risibles, c'est-à-dire folles, banniront de la table le silence et l'ennui. A quoi bon, en effet, se remplir le ventre de tant de confitures, de tant de friandises, de tant de pâtisseries, si les yeux, si les oreilles, si l'esprit tout entier ne se repaissaient également de rires, de plaisanteries et de badinages? Or, c'est moi qui suis l'unique ordonnatrice de ce dessert-là. En outre, toutes ces cérémonies usitées dans les festins : le tirage au sort du roi, le jeu de dés, les toasts, les libations à la ronde, les chansons à tour de rôle, la danse, la pantomime, ce ne sont pas les sept sages de la Grèce, c'est moi qui les ai inventées pour le bonheur du genre humain. D'ailleurs toutes ces choses ont cela de particulier que plus elles sont marquées au coin de la folie, plus elles embellissent la vie des mortels, qui, si elle était triste, ne mériterait pas le nom de vie. Or la tristesse l'envahirait nécessairement si, par des divertissements de ce genre, vous ne faisiez disparaître son frère, l'ennui.

Mais il en est qui dédaignent ce genre de plaisir et dont le bonheur consiste dans le commerce et les douceurs de l'amitié. « L'amitié, disent-ils, doit être mise au-dessus de tout ; *elle est aussi indispensable que l'air, le feu et l'eau* (1) ; elle a tant de charmes, ajoutent-ils, que *l'ôter de la vie, ce serait en ôter le soleil* (2) ; enfin elle est si honnête (est-ce là un mérite de plus?) que les philosophes mêmes n'hésitent point à la compter parmi les plus grands biens. » Que direz-vous, si je démontre que c'est encore moi qui suis *la proue et la poupe* (3) d'un bien si précieux ? Je vous le prouverai, non pas par crocodilites, par sorites cornus ou autres arguties de la dialectique ; mais, avec ce qu'on appelle le gros bon sens, je vais presque vous le montrer du doigt.

(1) Cicéron, *De l'Amitié*, VI.
(2) Cicéron, *De l'Amitié*, XIII.
(3) Proverbe grec qui, par une métaphore tirée d'un vaisseau, indique les diverses parties d'un tout.

Dites-moi : fermer les yeux, se méprendre, s'aveugler, s'illusionner sur les défauts de ses amis, aimer et admirer leurs imperfections les plus saillantes comme des qualités, cela ne tient-il pas de la folie ? Cet amant qui baise tendrement la verrue de sa maîtresse ; cet autre *que délecte le polype d'Agna* ; *ce père qui trouve de la finesse dans le regard louche de son fils* (1), tout cela, dis-je, n'est-ce pas de la vraie folie ? Oui, faisons-le sonner bien haut, c'est de la folie. Or, c'est cette folie seule *qui forme et resserre les liens de l'amitié* (2). Je parle des simples mortels dont *aucun ne naît sans défauts, et dont le meilleur est celui qui en a le moins* (3). Quant à ces sages que l'on regarde comme des dieux, ils ne connaissent pas les nœuds de l'amitié, ou ils ne forment que des liaisons tristes et désagréables, et encore avec très peu de gens, pour ne pas dire personne, attendu que la grande majorité des hommes déraisonnent, qu'il n'y en a pas un seul qui n'extravague sous bien des rapports, et que l'amitié ne peut exister qu'entre pareils. Si par hasard une

(1) Horace, *Satires*, 1, 3, 44, 45.
(2) *Ibid.*, 54.
(3) *Ibid.*, 68-69.

sympathie mutuelle rapproche ces gens austères, elle ne saurait être stable ni de longue durée avec des esprits moroses et beaucoup trop clairvoyants, qui, *pour discerner les défauts de leurs amis, ont la vue aussi perçante que l'aigle ou le serpent d'Épidaure* (1). Mais, pour leurs propres défauts, qu'ils sont aveugles et qu'ils voient peu la poche de la besace qui leur pend derrière le dos! Or, puisque les hommes sont ainsi faits qu'il n'y en a pas un qui ne soit sujet à de grands défauts; puisque les caractères et les goûts diffèrent si essentiellement; que la vie est semée de tant de méprises, de tant d'erreurs et de tant de chutes, comment ces Argus pourraient-ils jouir une heure de suite des douceurs de l'amitié, sans une dose de ce que les Grecs expriment très bien par le mot de *naïveté?* Traduisez-le par folie ou par complaisance, comme vous voudrez. Mais quoi! Cupidon, cette âme de toute liaison, n'est-il pas complètement aveugle? Et de même que *ce qui n'est pas beau lui paraît beau*, il opère parmi vous ce prodige que chacun trouve beau ce qui est à soi, et que le vieux raffole de sa vieille comme le

---

(1) Horace, *Satires*, I, 3, 27-28.

jouvenceau de sa jouvencelle. Ces choses-là se voient partout et on en rit, mais ce sont pourtant ces ridicules qui constituent tout le charme du commerce de la vie.

Ce que je viens de dire de l'amitié s'applique à plus forte raison au mariage, qui n'est autre chose qu'une union indissoluble. Grand Dieu! que de divorces, et que d'événements pires encore que le divorce, ne verrait-on pas de tout côté, si la vie domestique de l'homme et de la femme n'avait pour bases et pour soutiens la flatterie, le badinage, la complaisance, l'erreur, la dissimulation, qui sont mes fidèles satellites? Ah! qu'il se ferait peu de mariages, si le fiancé s'inquiétait sagement des jeux que la fillette à l'air candide et pudibond a joués bien avant les noces! Une fois contractés, qu'il y en aurait peu d'unis si l'insouciance ou la bêtise des maris ne les aveuglait le plus souvent sur la conduite de leurs femmes! On traite tout cela de folie, et avec raison, mais c'est cette folie qui fait que la femme plaît à son mari, que le mari plaît à sa femme, que la maison est tranquille et que la concorde règne. On se moque du mari; on l'appelle cocu, cornard, que sais-je? pendant que ses lèvres hument le

larmes de l'infidèle. Mais ne vaut-il pas mieux se tromper de la sorte que de se consumer de jalousie et de prendre les choses au tragique ?

En somme, sans moi, il n'y a ni société, ni liaison agréable et sûre. Le sujet serait bientôt las de son prince, le valet de son maître, la suivante de sa maîtresse, l'élève de son précepteur, l'ami de son ami, la femme de son mari, l'ouvrier de son patron, le camarade de son camarade, l'hôte de son hôte, s'ils ne se trompaient réciproquement, s'ils ne se flattaient, s'ils ne s'aveuglaient à propos, s'ils ne se frottaient un peu du miel de la folie. Tout cela vous paraît étrange ; voici qui l'est davantage.

Dites-moi, l'homme qui se hait soi-même peut-il aimer quelqu'un ? Celui qui est mécontent de soi s'accordera-t-il avec un autre ? Celui qui meurt d'ennui récréera-t-il son voisin ? Assurément, pour l'affirmer, il faudrait être plus fou que la Folie. Eh bien ! si l'on m'excluait, loin de supporter les autres, on se prendrait soi-même en dégoût, on trouverait son sort affreux, on serait à charge à soi-même. La nature, dans bien des circonstances plus marâtre que mère, a gravé dans l'esprit des hommes, et surtout des plus sensés, un travers qui les porte à être mécontents d'eux-mêmes et à admirer autrui. Il en résulte que tous les avantages, tous les agréments, tout le charme de la vie, se ternissent et disparaissent. A quoi sert, en effet, la beauté, ce rare présent des dieux, si on la laisse se flétrir ? Que devient la jeunesse, si le levain de l'ennui, qui est le propre de la vieillesse, la corrompt ? La première règle non seulement de l'art, mais de toutes nos actions, est d'observer la bienséance.

Or, dans toute la conduite de la vie, que ferez-vous convenablement, soit avec vous, soit avec les autres, sans le secours de Philautie, que je puis bien appeler ma sœur, tant elle me prête partout un puissant concours? Qu'y a-t-il de plus fou que de s'aimer, que de s'admirer soi-même? Mais, en revanche, où sera la grâce, le charme, la beauté, dans ce que vous ferez, si vous êtes mécontent de vous? Retranchez cet assaisonnement de la vie, aussitôt le débit de l'orateur se refroidira, les accords du musicien ennuieront, le jeu de l'acteur sera sifflé, on rira du poète et de ses vers, le peintre se morfondra avec son pinceau, le médecin avec ses drogues mourra de faim. Nirée ressemblera à Thersite, Phaon à Nestor (1), Minerve à un pourceau (2), l'homme éloquent à l'enfant qui balbutie, l'élégant à un lourdaud de village. Tant il est nécessaire que l'on se flatte soi-même et que l'on s'applaudisse un peu si l'on veut obtenir les suffrages d'autrui! Enfin, puisque le bonheur consiste surtout *à vouloir être*

(1) Nirée et Thersite sont, dans Homère, les deux types opposés de la beauté et de la laideur; Phaon y représente la jeunesse et Nestor la vieillesse.

(2) Allusion au proverbe latin : *Sus Minervam*, qui cor-

ce que l'on est (1), ma sœur Philautie procure pleinement cette satisfaction, en faisant que nul n'est mécontent ni de sa figure, ni de son esprit, ni de sa naissance, ni de son rang, ni de son éducation, ni de sa patrie. Si bien que l'Irlandais ne voudrait pas changer avec l'Italien, le Thrace avec l'Athénien, le Scythe avec l'habitant des îles Fortunées. Quelle admirable prévoyance de la nature, qui, parmi tant de choses différentes, a su établir une parfaite égalité! Si elle refuse à quelqu'un certains avantages, elle lui accorde une dose de plus d'amour de soi ; mais ce que je dis là est véritablement de la folie, puisque l'amour de soi est le plus grand de tous les avantages.

répond à celui-ci : *C'est Gros-Jean qui remontre à son curé.*

(1) Martial, X, 47.

Je puis dire qu'il n'est aucune action d'éclat que je n'inspire, aucun art que je n'aie inventé. La guerre n'est-elle pas la source et le théâtre de tous les hauts faits? Or quoi de plus fou que d'engager, à propos de je ne sais quoi, une pareille lutte, d'où il résulte toujours pour les deux partis plus de mal que de bien? Ceux qui succombent sont comme les gens de Mégare : *ils ne comptent pas*. Quand les deux armées sont en présence et que retentit le son bruyant des trompettes, à quoi serviraient, je le demande, ces sages qui, exténués par l'étude, tirent à peine un souffle de leur sang appauvri et glacé? Il faut des gens gros et gras, qui aient beaucoup d'audace et fort peu d'esprit. A moins qu'on ne préfère des guerriers comme Démosthène qui, suivant le conseil d'Archiloque (1), du plus loin qu'il aperçut l'ennemi jeta son bouclier pour fuir, se montrant aussi lâche soldat que sage orateur. Mais, dira-t-on, à la guerre, l'intelligence est d'un très grand secours. Dans le chef, je l'admets; mais cette intelligence est celle d'un soldat et non d'un philosophe. Ne

(1) Le poète Archiloque, s'étant vanté dans une épigramme d'avoir jeté son bouclier pour fuir plus aisément, les Lacédémoniens le chassèrent de leur ville.

sont-ce pas des parasites, des débauchés, des voleurs, des brigands, des rustres, des abrutis, des banqueroutiers, le rebut de la société, qui exercent cette noble profession, plutôt que des philosophes minés par les veilles?

Ces derniers sont d'une incapacité notoire pour toutes les affaires de la vie. Témoin Socrate lui-même, que l'oracle d'Apollon a déclaré fort peu sagement le seul sage, et qui, ayant voulu parler en public je ne sais à propos de quoi, fit éclater de rire tout son auditoire. Toutefois il a fait preuve de quelque bon sens en ne reconnaissant point le titre de sage, qu'il n'attribue qu'à Dieu, et en engageant le sage à ne pas se mêler de politique, bien qu'il eût mieux fait de dire que, pour vivre en homme, il faut renoncer à la sagesse. D'ailleurs n'est-ce pas la sagesse qui le fit condamner à boire la ciguë? A force de philosopher sur les nuages, sur les idées, de mesurer les pattes de la puce et d'admirer le bourdonnement du moucheron, il ignora complètement tout ce qui intéresse le commun de la vie. Son disciple Platon prit la parole pour le sauver. Le bel avocat vraiment! ahuri par le bruit de la foule, il put à peine prononcer la moitié de sa période. Que dire de

Théophraste qui, étant monté à la tribune, resta coi comme si le loup lui eût apparu? Aurait-il été capable d'animer des soldats sur un champ de bataille? Isocrate, par timidité de caractère, n'osa jamais ouvrir la bouche. Cicéron, le père de l'éloquence romaine, débuta toujours avec un tremblement de voix désagréable : il avait l'air d'un enfant qui pleure. Quintilien dit que cela prouve le bon sens de l'orateur qui connaît le danger. Mais n'est-ce pas avouer clairement que la sagesse nuit au succès? Que feront, l'épée à la main, ces gens qui meurent d'effroi quand il s'agit de combattre avec de simples mots?

Qu'on ose, après cela, vanter cette fameuse maxime de Platon : « Qu'heureuses seraient les républiques si les philosophes gouvernaient, ou si ceux qui gouvernent étaient philosophes ! » Au contraire, si vous consultez les historiens, vous verrez assurément que le plus grand malheur d'un État est de tomber aux mains d'un soi-disant philosophe ou d'un lettré. Les deux Caton, à mon avis, en sont un exemple frappant. L'un, par ses dénonciations insensées, a jeté le trouble dans la république; et l'autre, pour avoir défendu avec trop de sagesse la liberté du peuple romain, l'a renversée de fond en comble. Ajoutez les Brutus, les Cassius, les Gracques et Cicéron lui-même, qui ne fut pas moins funeste à la république des Romains que Démosthène à celle des Athéniens. Admettons qu'Antonin fut un bon empereur, bien que j'aie le droit de le contester, puisque son zèle pour la philosophie lui attira l'impopularité de ses sujets; admettons toutefois qu'il fut bon : assurément il fit plus de mal à l'empire en lui laissant un tel fils qu'il ne lui avait fait de bien par son administration. Si tous ceux qui s'adonnent à l'étude de la sagesse sont généralement malheureux, surtout dans la personne de leurs enfants, il est évident que la nature a voulu que ce fléau de la sagesse ne se propageât pas trop chez les humains. On sait que Cicéron eut un fils dégénéré; les enfants du sage Socrate, comme le fait remarquer justement un écrivain, ressemblèrent plus à leur mère qu'à leur père, c'est-à-dire qu'ils étaient fous.

On leur passerait encore d'être dans les charges publiques comme *des ânes devant une lyre*, si, dans tous les exercices de la vie, ils n'étaient pas d'une gaucherie sans pareille. Conviez un sage à votre table, il choquera les convives par son

morne silence ou par ses questions déplacées ; invitez-le au bal, vous croirez voir danser un chameau ; menez-le au spectacle, son visage seul troublera la fête, et le sage Caton sera forcé de quitter la salle, pour n'avoir pas pu se dérider. S'il survient au milieu d'une conversation, il produit aussitôt l'effet du loup de la fable. S'agit-il d'un achat, d'un contrat, d'un de ces actes dont le besoin se fait sentir journellement dans la vie, votre sage a plutôt l'air d'une bûche que d'un homme. En quoi pourrait-il être utile à lui-même, à sa patrie, à ses amis, puisqu'il ignore les choses les plus communes et qu'il est à mille lieues des opinions et des usages du vulgaire ? Cette différence absolue de conduite et de sentiments doit nécessairement l'exposer à la haine. Que voit-on chez les hommes qui ne soit marqué au coin de la Folie ? Tout se fait par des fous devant d'autres fous. S'il en est un qui veuille protester contre tous, je lui conseille, à l'exemple de Timon (1), d'émigrer dans un désert pour y jouir seul de sa sagesse.

Revenons à mon sujet. Quelle puissance a réuni en société ces hommes sauvages, issus d'un roc ou d'un chêne, sinon la flatterie ? La lyre d'Amphion et d'Orphée ne signifie pas autre chose. Quand le peuple romain allait se porter aux dernières extrémités, qui a rétabli l'accord dans la République ? Est-ce un discours philosophique ? Nullement. C'est une fable bouffonne et puérile qui avait pour personnages le ventre et les autres parties du corps. Thémistocle, avec une pareille fable, « le Renard et le Hérisson », obtint le même résultat. Le discours d'un sage aurait-il produit autant d'effet que la biche imaginaire de Sertorius (2),

(1) Grec, renommé pour sa misanthropie.
(2) Sertorius, pour relever le moral de ses soldats, leur

que les deux chiens de Lycurgue et que la plaisante fiction du même Sertorius sur la manière d'arracher les crins de la queue d'un cheval? Je ne parle pas de Minos et de Numa qui, tous deux, gouvernèrent par des inventions fabuleuses la sotte multitude. C'est à l'aide de ces niaiseries que l'on fait mouvoir cette énorme et puissante bête qui s'appelle le peuple.

Est-il une république qui ait jamais adopté les lois de Platon et d'Aristote ou les maximes de Socrate? Qui a déterminé les Décius à se dévouer spontanément aux dieux mânes? Qui a entraîné Curtius dans le gouffre? Pas autre chose que la vaine gloire, cette sirène enchanteresse que vos sages condamnent tant. « Quoi de plus fou, disent-ils, que de mendier les suffrages du peuple, d'acheter sa faveur par des dons, de briguer les applaudissements de tant de fous, de s'enorgueillir de leurs acclamations, de se faire traîner sur un char de triomphe comme une idole exposée à tous les regards, de se faire dresser une statue sur la place publique? Ajoutez à cela cette profusion de noms et de prénoms. Ajoutez ces honneurs divins ren-

fit accroire que Diane lui avait envoyé une biche qui le tenait au courant de tous les desseins de l'ennemi.

dus à un chétif mortel, et ces cérémonies publiques où les plus affreux tyrans sont mis au nombre des dieux. Tout cela est de la dernière folie, et ce n'est point assez d'un Démocrite pour en rire. » D'accord. Mais c'est de là que sont nés les exploits des héros que, dans leurs pages éloquentes, tant d'écrivains élèvent jusqu'aux nues. Cette folie est le fondement de la société ; c'est elle qui dirige les empires, les gouvernements, la religion, les assemblées, les tribunaux ; la vie humaine, en un mot, n'est qu'un jeu de la folie.

En ce qui concerne les arts, qui a poussé l'esprit de l'homme à découvrir et à léguer à la postérité tant de connaissances réputées admirables, sinon la soif de la gloire ? C'est à force de veilles et de labeurs que des hommes véritablement fous ont cru acheter une prétendue renommée qui n'est que chimère. Il n'est pas moins vrai que vous devez à la folie tant de précieux avantages, et, ce qu'il y a de plus agréable, vous profitez de la folie d'autrui.

Maintenant que j'ai revendiqué la palme de la bravoure et du génie, que direz-vous si je réclame encore celle du bon sens ? Autant vaudrait, s'écriera-t-on, marier le feu et l'eau. Je me flatte de vous le prouver, si, comme vous l'avez fait jusqu'à présent, vous voulez bien m'accorder toute votre attention. D'abord, si le bon sens dépend de la pratique des affaires, à qui doit en revenir l'honneur ? Est-ce au sage, qui, soit par modestie, soit par timidité de caractère, n'entreprend rien, ou au fou, que n'arrêtent jamais ni la modestie, puisqu'il n'en a pas, ni le danger, puisqu'il l'ignore ? Le sage se plonge dans les livres des anciens, où il n'apprend que de vaines subtilités. Le fou, en allant droit aux choses, en les maniant de près, acquiert, si je ne me trompe, le véritable bon sens. Homère, tout aveugle qu'il était, l'a bien vu, lorsqu'il a dit : *Le fou s'instruit à ses dépens.* Deux grands obstacles s'opposent à la connaissance des affaires : la honte, qui trouble l'esprit, et la crainte, qui, en signalant le péril, empêche de mettre la main à l'œuvre. La Folie vous délivre à merveille de ce double inconvénient. Peu de gens comprennent l'immense avantage qu'il y a à ne jamais rougir et à tout oser. Si l'on fait consister le bon sens dans la juste appréciation des choses, écoutez, je vous prie, combien ceux qui se vantent le plus d'en avoir en sont dépourvus.

Premièrement, il est de fait que toutes les choses ont, comme les Silènes (1) d'Alcibiade, deux faces

---

(1) Rabelais nous donne l'explication de ce mot : « Alcibiades, on dialogue de Platon intitulé *Le Banquet*, louant son precepteur Socrates, sans controverse prince des philosophes, entre aultres parolles, le dict estre semblable ès Silenes. Silenes estoyent jadiz petites boytes, telles que voyons de present ès bouticques des apothecaires, painctes au dessus de figures joyeuses et frivoles, comme des

entièrement dissemblables. Vous lisez la mort sur le front, interrogez le cœur, c'est la vie; y lisez-vous au contraire la vie, c'est la mort. La beauté cache la laideur; l'opulence, la pauvreté; l'infamie, la gloire; le savoir, l'ignorance; la force, la faiblesse; la noblesse, l'obscurité; la joie, la tristesse; la prospérité, la disgrâce; l'amitié, la haine; le remède, le poison. En un mot, ouvrez le Silène, tout est changé.

Si cette démonstration vous semble trop philosophique, je vais m'expliquer d'une façon plus claire, en invoquant ce qu'on appelle le gros bon sens.

Il n'est personne qui ne considère un roi comme très riche et tout-puissant. Mais s'il ne possède aucune des qualités de l'âme, il n'a rien, il est dans la plus profonde indigence. Si une foule de passions le dominent, ce n'est plus qu'un vil esclave. Je pourrais appliquer le même raisonne-

harpyes, satyres, oysons bridez, lievres cornuz, canes bastées, boucqz vollans, cerfs lymonniers, et aultres telles painctures contrefaictes à plaisir, pour exciter le monde à rire : quel feut Silene, maistre du bon Bacchus ; mais, on dedans, lon reservoyt les fines drogues, comme baulme ambre griz, amomon, muscq, zivette, pierreries, et aultres choses pretieuses.» *Prologue de l'auteur.*

ment à toutes les positions de la vie. Mais il suffit de cet exemple. Qu'est-ce que cela prouve? dira-t-on. Ecoutez où je veux en venir. Si, lorsque les acteurs sont en scène, quelqu'un s'avisait d'ôter leurs masques pour montrer aux spectateurs leurs figures vraies et naturelles, ne troublerait-il pas toute la pièce, et ne mériterait-il pas qu'on le chassât du théâtre à coups de pierres comme un frénétique? Soudain tout changerait d'aspect : la femme de tout à l'heure deviendrait un homme; le jeune homme, un vieillard; le roi, un Dama (1); le Dieu, un pauvre diable. En détruisant cette erreur, vous bouleversez toute la pièce. C'est ce travestissement, c'est ce fard, qui charment les yeux des spectateurs. Eh bien! la vie humaine n'est autre chose qu'une comédie, où, sous un masque d'emprunt, chacun joue son rôle jusqu'à ce que le chorége le renvoie de la scène. Celui-ci fait souvent jouer au même individu des rôles opposés, et tel qui vient de paraître sous la pourpre d'un roi, endosse les haillons de l'esclave. Oui, tout est travesti, et la comédie humaine ne se joue pas autrement.

(1) Sous ce nom Horace et Perse désignent un homme de la plus basse condition.

Je suppose qu'un sage descendu du ciel apparaisse tout à coup et s'écrie : « Cet être que tout le monde révère comme un Dieu et comme un souverain n'est pas même un homme, parce qu'il se

laisse gouverner par les penchants de la brute; c'est un esclave de la pire espèce, parce qu'il obéit volontairement à tant d'abominables despotes ; ce fils, au lieu de pleurer son père qu'il vient de perdre, devrait se réjouir, parce que le défunt commence à vivre véritablement, puisque la vie n'est que l'image de la mort; cet autre, entiché de sa race, n'est qu'un bâtard et un vilain, parce qu'il est à cent lieues de la vertu, qui est la seule marque de la noblesse. » Je suppose qu'il apostrophe tout le monde de la sorte, franchement ne le prendrait-on pas pour un fou furieux? Si rien n'est plus sot qu'une sagesse intempestive, rien n'est plus maladroit qu'un bon sens à rebours. C'est agir à rebours que de ne pas se plier aux usages reçus ; que de ne pas obéir aux circonstances; que de méconnaître cette loi de la table : *Bois ou va-t'en* ; que de vouloir que la comédie ne soit pas la comédie. Au contraire, c'est faire preuve d'un bon sens exquis que de ne pas ambitionner plus de sagesse que n'en comporte la nature de l'homme ; que d'être volontiers du même avis que le genre humain ou de se tromper complaisamment avec lui. Mais c'est de la folie, dira-t-on. Je suis loin de le nier, pourvu que l'on m'accorde en revanche que c'est ainsi que se joue la comédie humaine.

Dieux immortels, dois-je le dire ou le taire ? Pourquoi le tairais-je, puisque c'est la pure vérité ? Peut-être serait-il plus convenable, dans une question aussi importante, de faire descendre de l'Hélicon les Muses que les poëtes invoquent d'ordinaire pour de simples bagatelles. Inspirez-moi donc un instant, filles de Jupiter : je vais démontrer que nul ne peut atteindre cette fameuse sagesse qu'on nomme l'asile du bonheur, sans être guidé par la folie. Premièrement, il est hors de doute que toutes les passions sont du ressort de la Folie. La seule différence qui existe entre le sage et le fou, c'est que l'un est gouverné par la raison, et l'autre par la passion ; aussi les stoïciens écartent-ils du sage toutes les passions comme autant de maladies. Mais ces passions ne sont pas seulement des pilotes qui conduisent au port de la sagesse ceux qui y marchent ; dans la carrière de la vertu, ce sont des aiguillons et des éperons qui excitent à faire le bien. N'en déplaise à Sénèque, ce stoïcien renforcé qui interdit formellement au sage toute passion. En agissant ainsi, il supprime l'homme et *forge* une nouvelle espèce de dieu qui n'a existé nulle part et qui n'existera jamais. Pour parler net, il fait de l'homme une statue de marbre inintelligente et vide de tout sentiment humain. Qu'ils jouissent donc tant qu'ils voudront de leur sage ; qu'ils l'aiment sans crainte d'un rival et qu'ils aillent habiter avec lui la république de Platon, la région des Idées ou les jardins de Tantale.

Qui ne fuirait avec horreur, à l'égal d'un monstre et d'un spectre, un homme sourd à tous les sentiments de la nature, sans passion aucune, aussi inaccessible à l'amour et à la pitié *que le plus dur rocher ou qu'un marbre de Paros* (1), à qui rien n'échappe, qui ne se trompe jamais, qui voit tout avec des yeux de Lyncée (2), qui mesure tout au cordeau, qui ne pardonne rien, qui n'est content que de lui seul, qui seul est riche, seul raisonnable, seul roi, seul libre, en un mot, qui seul est tout, mais à son avis seul, qui ne tient pas à être aimé, qui n'aime personne, qui ose narguer les dieux mêmes, qui condamne comme insensé tout ce qui se fait dans la vie et qui s'en moque? Tel est le portrait de l'animal qui passe pour un sage accompli. Je le demande, si l'on recueillait les suffrages, quelle ville voudrait de lui pour son magistrat, quelle armée pour son général? Je dis plus, quelle femme endurerait un pareil mari, quel hôte inviterait un pareil convive, quel valet pourrait supporter un maître

---

(1) Virgile, *Énéide*, VI, 471.
(2) Un des argonautes, dont la vue était si perçante qu'il voyait à travers les corps opaques. On lui attribue la découverte des métaux.

ainsi fait? N'aimerait-on pas mieux prendre au hasard, parmi les plus fous, un fou capable de commander ou d'obéir aux fous, chéri de ses semblables qui composent la majorité, complaisant pour sa femme, jovial avec ses amis, charmant convive, bon compagnon, enfin *à qui rien d'humain ne fût étranger?* (1) Mais voilà assez longtemps que votre sage m'ennuie; passons à des choses plus agréables.

Supposons que quelqu'un, jetant les yeux du haut d'un observatoire, comme Jupiter le fait parfois au dire des poètes, pût voir à combien de maux la vie de l'homme est exposée : sa naissance misérable et sordide, les peines de son éducation, les périls que court son enfance, les rudes travaux auxquels est astreinte sa jeunesse, les incommodités de sa vieillesse, la dure nécessité de la mort; et, de son vivant, toutes les maladies qui l'assiégent, les accidents qui le menacent, les malheurs qui fondent sur lui, enfin toute son existence mêlée de fiel. Je ne parle pas des maux que l'homme cause à l'homme, tels que la pauvreté, la prison, le déshonneur, la honte, la torture, les embûches, la trahison, les injures, les procès, les

(1) Térence, *le Bourreau de soi-même*, v. 77.

fraudes ; ce serait vouloir *compter les grains de sable*. Par quelles fautes les hommes ont mérité un pareil sort, quel dieu dans sa colère les a condamnés à naître pour être aussi malheureux, il ne m'appartient pas de le dire maintenant. Mais en réfléchissant à tout cela, ne serait-on pas tenté d'approuver l'exemple des jeunes Milésiennes (1), tout déplorable qu'il soit ? Or, quels sont principalement ceux qui, par dégoût de la vie, ont attenté à leurs jours ? Ne sont-ce pas les familiers de la sagesse ? Sans parler des Diogène, des Xénocrate, des Caton, des Cassius et des Brutus, Chiron (2) préféra la mort à l'immortalité qu'on lui offrait. Vous voyez maintenant ce qui arriverait si tous les hommes étaient sages ; il faudrait assurément recourir à un nouveau limon et à l'art d'un second Prométhée. Mais moi, à l'aide de l'ignorance, de l'étourderie, de l'oubli des maux, de l'espoir du bonheur, d'un peu de miel que je répands sur la volupté, je les soulage si bien dans

(1) Les jeunes filles de Milet furent en proie à une véritable épidémie de suicides. (AULU-GELLE, XV, 10.)

(2) Centaure, gouverneur d'Achille, refusa l'immortalité par dégoût de l'uniformité des actions de la vie (LUCIEN, *Dialogues des morts.*)

leur infortune qu'ils ont de la peine à quitter la vie quand, les Parques ayant filé leur trame, la vie les abandonne depuis longtemps. Moins ils ont de motifs de vivre, plus ils tiennent à la vie; tant s'en faut qu'elle leur pèse. Tous ces vieux Nestors, chez qui la forme humaine n'existe plus, balbutiant, radotant, édentés, blancs, chauves, et, pour les peindre avec les expressions d'Aristophane, *sales, voûtés, ridés, sans cheveux, sans dents, sans menton*, c'est à moi que vous devez de les voir aimer tellement la vie qu'ils font tout pour se rajeunir. L'un teint ses cheveux blancs, l'autre

cache sa calvitie sous une perruque; celui-ci se sert de dents qu'il a peut-être empruntées à un cochon, celui-là aime éperdument une jeune fille et surpasse toutes les folies amoureuses d'un jeune homme. Que ces moribonds, qui ont un pied dans la tombe, épousent un jeune tendron sans dot et qui servira à d'autres, la chose est si commune qu'on s'en fait presque gloire. Mais ce qu'il y a de plus joli, c'est de voir des vieilles, si décrépites et si cadavéreuses qu'on les dirait revenues des enfers, répéter sans cesse : *Vive la vie!* être encore en chaleur, ou, comme disent les Grecs, *en rut*, séduire à prix d'or un nouveau Phaon, s'enduire constamment le visage de fard, ne pas quitter leur miroir, s'épiler les parties secrètes, étaler des mamelles flasques et flétries, stimuler d'une voix chevrotante l'amour languissant, boire, se mêler aux danses des jeunes filles, écrire des billets doux. Tout le monde en rit et les considère avec raison comme archi-folles; toujours est-il qu'elles sont contentes d'elles, qu'elles goûtent un bonheur parfait, que leur existence est toute de miel, et que grâce à moi elles sont heureuses. Que ceux qui trouvent cela ridicule examinent s'il ne vaut pas mieux mener la vie la plus agréable à l'aide d'une pareille folie, que de chercher, comme l'on dit, une poutre pour se pendre. D'ailleurs, le déshonneur que l'opinion attache à une pareille conduite n'est rien pour mes fous, qui ne sentent pas ce genre de mal, ou qui, s'ils s'en aperçoivent, n'y font pas attention. Qu'une pierre vous tombe sur la tête, voilà ce qui s'appelle un mal ! Mais la honte, l'infamie, l'opprobre, les injures, ne sont des maux qu'autant qu'on les sent. Otez le sentiment, le mal n'existe plus. Qu'importe que tout le monde vous siffle, pourvu que vous vous applaudissiez vous-même ? Or, c'est ce que la Folie seule permet de faire.

Mais je crois entendre les protestations des philosophes. « N'est-ce pas un malheur, disent-ils, d'être gouverné par la Folie, de vivre dans l'erreur, dans l'illusion, dans l'ignorance ? » Eh non ! c'est être homme. Je ne vois pas que ce soit un malheur, puisque vous êtes nés ainsi, que vous avez été élevés et façonnés de la sorte, et que c'est le sort commun. Obéir à sa nature ne saurait être un malheur, à moins de trouver que l'homme soit à plaindre parce qu'il ne peut pas voler comme l'oiseau, ni marcher à quatre pattes comme le reste des animaux, ni porter des cornes comme le taureau. On pourrait dire tout aussi bien d'un très-beau cheval qu'il est malheureux de ne point connaître la grammaire et de ne point manger de pâtés, et, d'un taureau, qu'il est à plaindre de ne pouvoir faire de la gymnastique. Or, de même que le cheval n'est point malheureux pour ignorer la grammaire, l'homme ne l'est pas davantage pour être fou, puisque la folie est conforme à sa nature. Mais nos fins raisonneurs reviennent à la charge. « Le savoir, disent-ils, a été donné spécialement à l'homme pour l'aider à compenser par son intelligence ce que la nature lui a ôté. » Comme s'il était présumable que la nature, qui s'est montrée si vigilante pour les moucherons et même pour les plantes et les fleurs, se fût endormie pour l'homme seul, en l'obligeant de recourir aux sciences que Theuth [1], ce génie ennemi du genre humain, imagina pour combler ses maux, et qui sont si peu utiles au bonheur qu'elles nuisent même au but en vue duquel on prétend qu'elles ont été inventées, comme le prouve fort bien dans Platon un roi

---

[1] Dieu de l'Égypte, qui passe pour l'inventeur des nombres, du calcul, de la géométrie, de l'astronomie, du jeu d'échecs, du jeu de dés et de l'écriture.

plein de sens à propos de l'invention de l'écriture (1). Les sciences se sont donc introduites avec les autres fléaux de la vie humaine, elles ont eu pour auteurs les pères de toutes les iniquités, c'est-à-dire les démons, dont le nom, emprunté d'elles, signifie savants.

Dans la simplicité de l'âge d'or, l'homme, dépourvu de toute espèce de science, vivait sans autre guide que l'instinct de la nature. Quel besoin avait-on de la grammaire, alors que la langue était la même pour tous et que l'on parlait uniquement pour se faire comprendre? De quoi eût servi la dialectique, puisque toutes les opinions étaient d'accord? Qu'eût-on fait de la rhétorique, puisque la chicane était inconnue? A quoi bon recourir à la jurisprudence en l'absence des mauvaises mœurs, qui, on le sait, sont mères des bonnes lois? On était trop religieux pour scruter d'un œil impie les mystères de la nature, la dimension des astres, leurs mouvements, leur influence et les ressorts cachés de l'univers. On

(1) Thamus, roi d'Égypte, qui répondit à Theuth que l'invention de l'écriture ne serait bonne qu'à faire oublier les choses, en empêchant de cultiver la mémoire. (Voir Platon, *Phèdre*.)

regardait comme un crime qu'un mortel voulût en savoir plus que ne comporte sa condition. La folie de sonder ce qui se passe au delà des cieux ne venait pas même à la pensée. A mesure que disparut la pureté de l'âge d'or, les mauvais génies dont j'ai parlé inventèrent les arts, qui furent d'abord en petit nombre et comptèrent peu d'adeptes. Ensuite la superstition des Chaldéens et la frivolité oiseuse des Grecs multiplièrent à l'infini ces véritables tortures de l'intelligence, à telles enseignes que la grammaire seule suffit largement pour faire le supplice de toute la vie.

D'ailleurs, parmi ces sciences, les plus estimées sont celles qui se rapprochent davantage du sens commun, c'est-à-dire de la folie. Les théologiens meurent de faim, les physiciens se morfondent ; on se moque des astrologues, on méprise les dialecticiens. A lui seul *le médecin vaut beaucoup d'autres hommes* (1). Et dans cette catégorie, le plus ignorant, le plus téméraire, le plus étourdi, n'en est que plus en vogue, même parmi le grand monde. La médecine, telle qu'on l'exerce généralement aujourd'hui, n'est qu'une dépen-

(1) Homère, *Iliade*, XI, 514.

dance de la flatterie, de même que la rhétorique. Après les médecins et peut-être au-dessus d'eux sont les gens de loi. Je ne veux rien dire de leur profession, mais tous les philosophes s'en moquent comme d'une ânerie. Cependant c'est au gré de ces ânes que se traitent les plus grandes et les plus petites affaires. Leurs domaines s'agrandissent pendant que le théologien, qui a compulsé toutes les archives de la Divinité, mâchonne des lupins et fait une guerre assidue aux punaises et aux poux. De même que les arts les plus favorisés sont ceux qui se rapprochent le plus de la folie, les

hommes les plus heureux sont ceux qui rompent tout commerce avec la science pour se laisser guider par la nature, laquelle n'est jamais en défaut, à moins que l'on ne veuille dépasser les bornes de la condition humaine.

La nature est ennemie de l'artifice, et ce que l'art n'a pas gâté n'en vaut que mieux. Tenez ne voyez-vous pas que parmi les différentes espèces d'animaux ceux-là mènent la vie la plus agréable qui sont rebelles à toute éducation et ne reconnaissent d'autre maître que la nature ? Quoi de plus heureux, de plus merveilleux que les abeilles ? Pourtant elles ne possèdent pas tous les sens. L'architecture peut-elle les égaler dans la construction des édifices ? Quel philosophe a jamais fondé une pareille république ? Le cheval, au contraire, par la raison qu'il a les mêmes sens que l'homme et qu'il vit sous son toit, partage les maux de l'humanité. En effet, souvent, pour ne pas être vaincu à la course, il s'épuise, et sur un champ de bataille, jaloux de triompher, il est percé de coups et mord la poussière avec son cavalier. Je ne parle pas du mors qui le retient, des éperons qui l'aiguillonnent, de l'écurie où il est emprisonné, des fouets, des bâtons, des brides, du cavalier, enfin de tout cet attirail de l'esclavage auquel il s'est soumis volontairement, lorsque, à l'exemple des héros, il voulut à tout prix tirer vengeance de son ennemi. Combien est préférable le sort des mouches et des oiseaux, qui vivent au hasard et n'obéissent qu'à l'instinct de la nature tant qu'ils échappent aux embûches de l'homme !

Dès qu'ils sont mis en cage et qu'on leur apprend à imiter la voix humaine, ils perdent singulièrement de leur beauté naturelle. Tant il est vrai que les créations de la nature sont de tous points supérieures aux travestissements de l'art.

Aussi ne saurais-je trop louer ce Pythagore déguisé en coq, qui, après avoir été tout, philosophe, homme, femme, roi, sujet, poisson, cheval, grenouille, et même éponge, à ce que je crois, jugea qu'il n'y avait pas d'animal plus malheureux que l'homme, par la raison que tous les autres animaux se renferment dans les bornes de la nature et que l'homme seul veut franchir les limites imposées à sa condition. Et encore parmi les hommes il préfère de beaucoup les idiots aux savants et aux puissants. Gryllus n'a-t-il pas été plus sensé que *le sage Ulysse*, lorsqu'il aima mieux grogner dans une étable que d'affronter avec lui tant de périls ? Homère, le père de la Fable, me semble partager cette opinion. Il appelle fréquemment tous les mortels *malheureux et infortunés;* il prodigue à Ulysse, qu'il représente comme le modèle de la sagesse, l'épithète de *gémissant*, qu'il n'emploie jamais ni pour Pâris, ni pour Ajax, ni pour Achille. D'où vient cela?

C'est qu'Ulysse, rusé et artificieux, ne faisait rien sans consulter Pallas, et que, par excès de sagesse, il s'écartait le plus possible des lois de la nature.

Ainsi donc si, parmi les mortels, ceux-là sont le plus éloignés du bonheur qui se passionnent pour la sagesse, et qui, par une double folie, oubliant la condition humaine dans laquelle ils sont nés, aspirent à la vie des dieux immortels et, à l'exemple des géants, font la guerre à la nature avec les batteries de la science, ceux-ci sont complètement étrangers au malheur qui, se rapprochant le plus des instincts et de la stupidité de la brute, n'entreprennent rien qui soit au-dessus de l'homme. Je vais essayer de vous le démontrer, non par les enthymèmes des stoïciens, mais par un exemple frappant.

Au nom des dieux immortels, est-il rien de plus heureux que cette espèce d'hommes qu'on traite ordinairement de fous, d'insensés, de sots, d'imbéciles, les plus beaux des surnoms, à mon avis (1) ? Cette assertion, au premier aspect, paraîtra peut-être folle et absurde ; elle est pourtant rigoureu-

(1) « Nous ne serons jamais aussi heureux que les sots. » (*Lettre de Voltaire à Mme du Deffand, 2 juillet 1754.*)

sement vraie. D'abord, ils sont exempts de la crainte de la mort, laquelle, par Jupiter, n'est pas un léger tourment. Leur conscience n'est point agitée par les remords. Les contes de revenants ne les effrayent pas; ils n'ont pas peur des spectres ni des loups-garous. Ils ne sont ni troublés par la crainte des maux qui les menacent, ni enflés par la perspective du bonheur. En un mot, ils ne sont pas en proie aux mille soucis dont la vie est semée. Ils ne connaissent ni la honte, ni la crainte, ni l'ambition, ni la jalousie, ni l'amour. Enfin, s'ils arrivent à la stupidité de la brute, ils sont impeccables, au dire des théologiens.

O sage archi-fou, récapitule maintenant tous les soucis qui te torturent jour et nuit, réunis en un monceau tous les inconvénients de ta vie, et tu comprendras enfin à combien de maux j'ai dérobé mes fous. En outre, non seulement ils ne font que se réjouir, badiner, chanter et rire, mais encore ils répandent partout autour d'eux le plaisir, l'amusement, la gaieté et la joie, comme si les dieux, dans leur bonté, les avaient fait naître uniquement pour égayer la tristesse de la vie humaine. Aussi, tandis que les hommes sont animés les uns envers les autres de dispositions diverses, tout le monde indistinctement les considère comme des amis, les recherche, les régale, les caresse, les aide au besoin, et leur pardonne tout ce qu'ils disent et tout ce qu'ils font. On cherche si peu à leur nuire que les animaux sauvages même se gardent de leur faire du mal par un instinct naturel de leur innocuité. En effet, ils sont réellement sous la sauvegarde des dieux et particulièrement sous la mienne ; tout le monde a donc raison de les respecter.

Les plus grands rois les affectionnent tellement qu'il y en a plusieurs qui ne sauraient ni se mettre à table, ni faire un pas, ni passer une heure de suite sans eux. Ils mettent leurs bouffons bien au-dessus de ces philosophes austères qu'ils protègent quelquefois par vanité. La cause de cette préférence est facile à comprendre et n'a rien d'étonnant. Ces sages ne savent tenir aux princes qu'un langage triste ; fiers de leur savoir, souvent ils ne craignent pas *de blesser les oreilles délicates par de mordantes vérités* (1) ; tandis que les fous procurent la seule chose que les princes recherchent à tout prix, n'importe où : jeux, gaieté, rires, amusements. Remarquez que les fous possèdent une qualité qui n'est point à dédaigner : ils sont les seuls qui soient francs et véridiques. Or, qu'y a-t-il de plus beau que la vérité ? Bien que, dans Platon (2), Alcibiade prétende que la vérité est l'apanage du vin et de l'enfance, c'est à moi qu'en revient tout le mérite, suivant le témoignage d'Euripide, qui a dit de moi ce mot fameux : *le fou débite des folies* (3). Le fou reflète sur son visage et manifeste dans ses paroles tout ce qu'il a dans le cœur. Le sage, au contraire, a deux langues, c'est encore Euripide qui le déclare : l'une est l'organe de la vérité, l'autre s'exprime suivant les circonstances. Il a le don de changer le noir en

(1) Perse, *Satires*, I, v. 107.
(2) *Le Banquet.*
(3) *Les Bacchantes.*

blanc, de souffler avec la même bouche le froid et le chaud, et de déguiser dans son langage ses plus vifs sentiments. Certes, les princes, avec tout leur bonheur, me paraissent extrêmement malheureux de ne pouvoir entendre la vérité et d'être obligés d'avoir des flatteurs au lieu d'amis. « Mais, dira-t-on, les oreilles des princes ont horreur de la vérité, et s'ils fuient les sages, c'est dans la crainte d'en rencontrer un qui soit assez libre pour oser leur dire des choses plus vraies qu'agréables. » Oui, j'en conviens, les rois n'aiment pas la vérité. Eh bien, chose surprenante, l'exemple de mes fous prouve qu'ils accueillent avec joie non seulement la vérité, mais même des injures directes. Tel mot qui, dans la bouche d'un sage, serait puni de mort, étant proféré par un fou cause un plaisir ineffable. En effet, la vérité a le mérite de plaire si l'on n'y mêle rien d'offensant, mais c'est un don que les dieux n'ont accordé qu'aux fous. Voilà pourquoi cette espèce d'hommes inspire un si grand attrait aux femmes, naturellement amies du plaisir et de la frivolité. Avec elles, quoi qu'ils fassent, fût-ce même des choses très sérieuses, elles les considèrent comme une plaisanterie et un jeu, tant ce sexe est ingénieux, surtout à pallier ses fautes.

Pour en revenir au bonheur des fous, après avoir passé leur vie au milieu des plaisirs, sans craindre ni sentir la mort, ils vont tout droit aux Champs-Elysées pour y divertir par leurs ébats les âmes pieuses et oisives. Eh bien, maintenant prenons l'homme le plus sage que vous voudrez et comparons son sort à celui du fou. Quel est le modèle de sagesse que vous lui opposerez? C'est un homme qui a usé toute son enfance et sa jeunesse dans l'étude des sciences, qui a perdu ses plus belles années dans les veilles, dans les soucis, dans les sueurs, qui pendant toute sa vie n'a pas goûté le moindre plaisir ; toujours parcimonieux, pauvre, triste, sombre, sévère et dur pour lui-même, odieux et insupportable aux autres, pâle, sec, valétudinaire, chassieux, accablé de vieillesse et d'infirmités avant l'âge, et quittant la vie avant l'heure, bien que la mort importe peu à qui n'a jamais vécu. Voilà le beau portrait du sage.

Mais j'entends coasser de nouveau *les grenouilles du Portique*. « Il n'y a pas de plus grand malheur, disent-elles, que la démence. Or la folie insigne touche à la démence, ou, pour mieux dire, est la démence même. Car qu'est-ce que la démence sinon l'absence de la raison ? » Elles sont dans l'erreur la plus complète. Eh bien, avec l'aide des Muses, réduisons encore ce syllogisme à néant. Leur raisonnement, je l'avoue, est spécieux. Mais, de même que dans Platon (1) Socrate fait deux Vénus d'une seule en la divisant, et deux Amours d'un seul en le partageant, nos dialecticiens devaient distinguer la démence de la démence, pour peu qu'ils voulussent eux-mêmes paraître sensés. En effet, toute démence n'est pas pour cela nuisible. Autrement, Horace n'eût pas

(1) *Le Banquet.*

dit : *Suis-je le jouet d'un aimable délire?* (1). Platon n'eût pas compté les transports des poètes, des devins et des amants parmi les plus grands bonheurs de la vie (2); la sibylle n'eût pas qualifié de folle l'entreprise d'Énée (3). Il y a donc deux sortes de démence. L'une est vomie par les enfers, chaque fois que les Furies vengeresses lancent leurs serpents pour allumer dans le cœur des mortels l'ardeur de la guerre, la soif insatiable de l'or, de honteuses et criminelles amours, le parricide, l'inceste, le sacrilège et autres horreurs, ou pour enfoncer dans les consciences coupables le terrible aiguillon du remords. L'autre démence, qui émane assurément de moi, bien différente de la première, est le plus grand bien que l'on puisse souhaiter. Elle se produit chaque fois qu'une douce illusion délivre l'âme des soucis cuisants et la plonge dans un océan de délices. Cette illusion, Cicéron, dans ses *Lettres à Atticus*, l'implore comme une grande faveur des dieux, afin de pouvoir oublier les maux qui l'accablent. Il n'avait pas l'esprit de travers, cet habitant d'Argos telle-

(1) *Odes*, III, 4, v. 5-6.
(2) *Phèdre*.
(3) *Énéide*, VI, v. 135.

ment fou qu'il regrettait de ne plus pouvoir passer des journées entières au théâtre tout seul, riant, applaudissant, transporté de joie, parce qu'il croyait voir jouer les plus belles pièces du monde, quoiqu'on ne jouât rien du tout. Au reste, pratiquant bien tous les devoirs de la vie, agréable à ses amis, *complaisant pour sa femme, indulgent pour ses esclaves, et n'entrant pas en fureur pour une bouteille décachetée* (1). Sa famille étant parvenue à le guérir à force de remèdes et l'ayant remis en possession de lui-même, il s'en plaignit en ces termes : *Par Pollux, vous m'avez tué, mes amis. Non, vous ne m'avez pas guéri en m'ôtant le bonheur, en m'arrachant de vive force la plus douce illusion* (2). Il avait bien raison. Ceux-là seuls étaient dans l'erreur et avaient plus besoin que lui d'ellébore qui imaginèrent de chasser par les drogues, comme un mal, une si heureuse et si douce folie.

Remarquez que je ne prétends pas qu'il faille qualifier de démence toute aberration de l'esprit et des sens. Ainsi, qu'un homme qui a la berlue prenne un âne pour un mulet, qu'un autre admire

(1) Horace, *Épîtres*, II, 2, v. 134-135.
(2) *Ibid.*, v. 139-141.

de mauvais vers comme un chef-d'œuvre, on ne dira pas pour cela qu'ils sont fous. Mais si à l'erreur des sens se joint celle du jugement, on peut affirmer qu'il y a démence ; comme par exemple celui qui, lorsqu'un âne se met à braire, croirait entendre une merveilleuse symphonie, ou cet autre qui, pauvre et de basse condition, s'imaginerait être Crésus, roi de Lydie. Mais quand cette espèce de démence, comme cela arrive souvent, tourne à la gaieté, elle divertit fort ceux qui en sont atteints et ceux qui, sans être fous au même degré, en sont témoins. Cette variété de la folie est beaucoup plus commune qu'on ne pense. Le fou se moque à son tour du fou, et ils se servent tous deux d'amusement. Il n'est pas rare de voir un fou achevé rire aux éclats d'un autre qui l'est moins.

Croyez-en la Folie qui vous parle, plus on est fou, plus on est heureux, pourvu que l'on s'en tienne au genre de démence qui relève de moi. Et mon domaine est si vaste que parmi tous les mortels je doute qu'on puisse en trouver un seul qui soit sage à toute heure et qui ne soit pas possédé d'un certain genre de folie. Voici toute la différence qui existe : qu'un homme prenne une citrouille pour une femme, on le traitera d'insensé, parce que peu de gens commettent cette erreur ; mais qu'un mari, dont la femme a de nombreux amants, jure qu'elle est au-dessus de Pénélope et s'enorgueillisse de sa chimérique félicité, personne ne dira qu'il est fou, parce qu'on voit tous les jours des maris en faire autant.

Il faut ranger dans cette catégorie ceux qui mettent la chasse au-dessus de tout, et qui ne connaissent pas de plus grande jouissance d'esprit que d'entendre l'horrible son du cor et les aboiements des chiens. Je crois même que lorsqu'ils sentent les excréments de leurs chiens ils trouvent que c'est du baume. Quel bonheur quand il s'agit de dépecer la bête! Dépecer les taureaux et les béliers, c'est l'affaire du manant ; il n'appartient qu'au noble de démembrer la bête fauve. Celui-ci, tête nue, à genoux, armé du coutelas destiné à cet office (car tout autre ne conviendrait pas), découpe religieusement certains membres de l'animal, avec certains gestes et dans un certain ordre. La foule, qui l'entoure admire avec recueillement, comme une chose toute nouvelle, un spectacle qu'elle a vu plus de mille fois. Celui qui a eu le bonheur de goûter un morceau de la bête s'en fait un titre de noblesse. A force de courir après les bêtes fauves et d'en manger, ils finissent par ressembler aux bêtes et n'en croient pas moins qu'ils mènent une vie de rois.

Il faut mettre à côté d'eux ceux qui, dévorés de la rage insatiable de bâtir, changent aujourd'hui le rond en carré et demain le carré en rond. Ils bâtissent sans fin ni mesure, jusqu'à ce que, complètement ruinés, il ne leur reste plus ni où loger, ni de quoi manger. N'importe, ils ont toujours goûté pendant quelques années un bonheur parfait.

Tout près d'eux figurent, à mon sens, les gens qui, par des moyens inconnus et mystérieux, veulent changer la nature des choses et cherchent par terre et par mer de la quintessence (1). Enivrés d'un doux espoir, ils ne reculent jamais ni devant la fatigue ni devant la dépense. Ils imaginent toujours quelque merveilleuse découverte qui les repaît d'illusion et leur fait aimer leur chimère jusqu'à ce que, à bout de ressources, il ne leur reste pas de quoi construire un fourneau. Ils continuent néanmoins à se bercer de beaux rêves et poussent

(1) Les alchimistes nommaient ainsi toute substance jouant un rôle important dans la transmutation des métaux.

nt qu'ils peuvent les autres vers la même félicité. Lorsqu'ils ont perdu toute espérance, ils se consolent largement en songeant à cette devise : *Dans les grandes choses, il suffit d'avoir voulu* (1). Alors ils accusent la brièveté de la vie, qui ne leur permet pas d'accomplir une œuvre aussi vaste.

Je ne sais trop si je dois admettre les joueurs dans notre collège. Est-il pourtant un spectacle plus sot et plus ridicule que de voir une foule de gens tellement passionnés qu'au seul bruit des dés leur cœur tressaille et bondit? Toujours alléchés

(1) Properce, II, 10, 6.

par l'appât du gain, lorsqu'ils ont perdu tout ce qu'ils possédaient en brisant leur vaisseau contre l'écueil du jeu, bien plus redoutable que le cap Malée (1), et qu'ils se sont retirés à grand'peine du naufrage complètement nus, ils fraudent tous leurs créanciers plutôt que le gagnant, dans la crainte de passer pour des gens peu délicats. Ne voit-on pas des vieillards presque aveugles jouer avec des besicles ? Et lorsque enfin *la goutte, bien méritée, a paralysé leurs doigts* (1), ils louent un remplaçant chargé de jeter pour eux les dés dans la tour de bois. Tout cela serait fort joli si, le plus souvent, ce jeu ne dégénérait en rage et ne concernait les Furies plutôt que moi.

Mais en voici d'autres qui assurément sont bien de la même farine que nous. Je veux parler de ceux qui se plaisent soit à entendre, soit à raconter des miracles et des mensonges monstrueux. Ils ne se lassent point d'écouter les fables les plus étranges sur les spectres, sur les revenants, sur les esprits, sur les enfers, sur mille autres merveilles

(1) Promontoire de la Laconie, qui forme dans la mer une pointe de cinquante mille pas, et qui rend la navigation très dangereuse à cause des vents contraires.
(1) Horace, *Satires*, II, 7, v. 15-16.

de ce genre. Plus la chose s'éloigne de la vérité, plus ils y ajoutent foi et plus leurs oreilles en sont délicieusement chatouillées. Ces contes ne contribuent pas seulement à tuer le temps d'une façon fort agréable, ils sont encore une source de gain, surtout pour les prêtres et les prédicateurs.

Il faut ranger dans cette catégorie ceux qui nourrissent la folle mais douce conviction qu'en

apercevant par hasard la statue ou l'image de Polyphème-Christophe (1), ils ne mourront pas dans la journée ; qu'en invoquant la statue de Barbe dans les termes prescrits, ils reviendront d'un combat sains et saufs ; qu'en visitant Érasme à de certains jours, avec de certains cierges et de certaines oraisons, ils deviendront bientôt riches. De même qu'ils ont un second Hippolyte, ils ont fait de Georges un Hercule. Ils adorent presque son cheval, très dévotement paré d'un caparaçon garni de boules d'or, et ils cherchent de temps en temps à gagner ses bonnes grâces par de petits présents. Jurer par son casque d'airain est un serment de roi.

Que dirai-je de ceux qui se bercent agréablement de pardons imaginaires (2), et qui mesurent comme avec une clepsydre la durée du purgatoire, calculant sans se tromper et avec une précision mathématique les siècles, les années, les mois, les jours et les heures ? Ou bien de ceux qui, se fondant sur des signes magiques et des oraisons qu'un pieux

---

(1) Ainsi nommé, à cause de la taille de géant prêtée communément à ce saint.
(2) Les indulgences.

imposteur a imaginées pour rire ou en vue du gain, se promettent tout, richesses, honneurs, plaisirs, bonne chère, santé toujours florissante, longue vie, verte vieillesse, et enfin une place au ciel à côté du Christ? Encore cette place, ne la souhaitent-ils que le plus tard possible; c'est-à-dire que, quand, à leur grand regret, les plaisirs d'ici-bas, auxquels ils se cramponnent, les auront abandonnés, ils leur feront succéder les voluptés célestes. Ainsi voilà un marchand, un soldat, un juge, qui, en jetant une petite pièce de monnaie prise sur tant de rapines, croit purifier d'un seul coup toutes les souillures de sa vie, qui s'imagine que tant de parjures, tant de débauches, tant d'ivresses, tant de disputes, tant de meurtres, tant d'impostures, tant de perfidies, tant de trahisons, seront rachetés comme par un traité, et si bien rachetés qu'il sera libre de recommencer de nouveau la série de ses crimes. Quoi de plus fou, je me trompe, quoi de plus heureux que ces gens qui, en récitant chaque jour sept versets du psautier, se promettent plus que la félicité suprême? Or ces versets magiques furent indiqués, dit-on, à saint Bernard par un démon, goguenard assurément, mais plus étourdi que malin, car le pauvre diable fut pris dans ses

filets (1). Et de pareilles folies, qui me font presque

(1) La légende rapporte que le démon, rencontrant saint Bernard, se vanta de connaître dans les Psaumes de David sept versets qui conduiraient infailliblement au ciel quiconque les réciterait chaque jour. Saint Bernard pressa le démon de les lui indiquer. Celui-ci refusa. « Qu'à cela ne tienne, répliqua le saint, je réciterai tous les jours d'un bout à l'autre le psautier dans lequel tes sept versets sont nécessairement compris. » Le démon, effrayé d'avoir provoqué une telle surabondance de prières, aima mieux indiquer les sept versets.

rougir moi-même, sont approuvées non-seulement du public, mais de ceux qui enseignent la religion.

A cela se rattache l'usage où est chaque pays de s'arroger son saint particulier. Chaque saint a ses attributions propres et son culte spécial. L'un guérit le mal de dents, l'autre délivre les femmes en couche ; celui-ci restitue les objets volés, celui-là vient au secours des naufragés, cet autre protège le bétail ; et ainsi du reste, car il serait trop long de tout énumérer. Il y en a qui à eux seuls jouissent de plusieurs prérogatives, notamment la Vierge, mère de Dieu, à qui le commun des hommes rend presque plus d'honneurs qu'à son fils. Or que demande-t-on à ces saints, sinon ce qui concerne la Folie ? Parmi tant d'ex-voto qui tapissent tous les murs et jusqu'à la voûte de certains temples, en voyez-vous un seul qui ait été offert pour la guérison de la folie ou pour l'acquisition d'un grain de sagesse ? L'un s'est sauvé à la nage, l'autre a survécu à ses blessures ; celui-ci s'est enfui du champ de bataille avec autant de bonheur que de courage, pendant que les autres combattaient ; celui-là, pendu à la potence, est tombé par la grâce d'un saint, ami des voleurs, afin qu'il continue de soulager ceux que leurs richesses embarrassent. Cet autre a brisé les portes de sa prison ; cet autre s'est guéri de sa fièvre, au désappointement de son médecin. Cet autre, ayant avalé un poison, l'a rendu par bas, ce qui l'a purgé au lieu de le tuer, au grand mécontentement de sa femme, qui a perdu sa peine et son argent. Celui-ci, dont la voiture a versé, a ramené les chevaux sains et saufs à l'écurie ; celui-ci a été retiré vivant de dessous des décombres ; cet autre, surpris par un mari, s'est esquivé. Pas un ne rend grâces d'être corrigé de la folie. Il y a donc un bien grand charme dans l'absence de la raison, puisque les mortels font des vœux pour être préservés de tout plutôt que de la folie.

Mais à quoi bon m'aventurer sur cet océan des superstitions ? *Eussé-je cent langues, cent bouches et une voix d'airain, je ne pourrais débrouiller toutes les variétés de fous, ni énumérer tous les noms de la folie* (1), tant le christianisme fourmille de ces extravagances. Les prêtres eux-mêmes les admettent et les entretiennent volontiers, n'ignorant pas tout le profit qu'ils en re-

(1) Virgile, *Énéide*, VI, v. 625-627.

dirent. Au milieu de tout cela, qu'un sage importun se lève et proclame ces vérités : « Tu ne feras pas une mauvaise fin si tu vis sagement. Tu rachèteras tes péchés si tu joins à ta pièce de monnaie la haine de tes fautes, puis des larmes, des veilles, des prières, des jeûnes, et si tu changes entièrement de conduite. Ce saint te protégera si tu imites sa vie. » Qu'un sage, je le répète, vienne à énoncer ces vérités dures et d'autres de ce genre, voyez quel trouble succéderait soudain au bonheur des mortels !

Classons dans cette catégorie ceux qui, de leur vivant, règlent minutieusement la pompe de leurs funérailles, fixant le nombre des cierges, des manteaux de deuil, des chantres et des pleureurs, comme si l'effet de ce spectacle devait rejaillir jusqu'à eux, et que les morts eussent à rougir de la simplicité de leur enterrement. On dirait, à les voir, des édiles nouvellement nommés qui travaillent à donner des jeux ou des festins.

Quoique je me hâte, je ne puis cependant passer sous silence ces gens qui, aussi vils que le dernier des goujats, s'enorgueillissent d'un vain titre de noblesse. Celui-ci rapporte son origine à Énée, celui-là à Brutus, cet autre à Arthur. Ils étalent

partout les images de leurs ancêtres, sculptées ou peintes. Ils comptent leurs bisaïeux et leurs trisaïeux, ils citent leurs antiques surnoms, bien qu'eux-mêmes ressemblent à des statues muettes et qu'ils soient plus nuls que les portraits qu'ils exposent. Néanmoins, grâce à la douce Philautie, ils jouissent d'un bonheur complet. Il ne manque pas d'autres fous qui admirent ces sortes de brutes à l'égal des dieux.

Mais pourquoi me borner à un exemple ou deux, comme si Philautie n'excellait pas à rendre une

foule d'hommes sans distinction parfaitement heureux ! Celui-ci, plus laid qu'un singe, se trouve aussi beau que Nirée ; celui-là, dès qu'il sait tracer trois lignes au compas, se croit un Euclide ; cet autre, qui est comme *l'âne devant la lyre, et dont la voix est aussi aigre que le chant du coq amoureux qui mord sa poule* (1), se compare à Hermogène (2).

(1) Juvénal, III, v. 90-91.
(2) Chanteur célèbre dont Horace fait souvent mention.

Un autre genre de folie, c'est celui de certaines gens qui se font gloire du mérite de leurs serviteurs comme s'il leur était personnel. Témoin ce richard doublement heureux dont parle Sénèque (1), qui, pour conter une historiette, avait sous la main des esclaves qui lui soufflaient les mots, et qui n'aurait pas refusé de combattre au pugilat, bien qu'il eût à peine un souffle de vie, sous le prétexte qu'il avait chez lui une foule d'esclaves extrêmement robustes.

Quant à ceux qui cultivent les arts, il est inutile d'en parler. L'amour de soi est tellement inné en eux qu'on les verrait plutôt renoncer à leur patrimoine qu'à leur génie ; surtout les comédiens, les chanteurs, les orateurs et les poètes ; moins ils ont de talent, plus ils sont contents d'eux-mêmes, plus ils se pavanent et se rengorgent. Et ils trouvent chaussure à leur pied, car plus une chose est inepte, plus elle rencontre d'admirateurs ; ce qui est mauvais plaît toujours, par la raison que la majeure partie des hommes, comme je l'ai dit, obéissent à la Folie. Donc, si les plus inhabiles sont les plus satisfaits d'eux-mêmes et les plus

---

(1) *Lettres à Lucilius*, XXVII.

admirés, quelle sottise de préférer le vrai savoir, qui d'abord coûte tant, qui ensuite rend ennuyeux et timide, et qui enfin rencontre si peu d'appréciateurs !

Je remarque que la nature, qui fait naître chaque individu avec l'amour de soi, en a inoculé à chaque nation et pour ainsi dire à chaque ville une dose commune. Ainsi les Anglais revendiquent particulièrement la palme de la beauté, de la musique et de la bonne chère ; les Écossais sont fiers de leur noblesse, de leur parenté royale et de leur subtilité dans la dialectique ; les Français s'attribuent l'urbanité ; les Parisiens s'arrogent presque exclusivement la gloire de la science théologique ; les Italiens se réservent les belles-lettres et l'éloquence ; à ce titre, ils se flattent tous d'être le peuple qui ne soit pas barbare. Dans ce genre de félicité les Romains occupent le premier rang ; ils rêvent encore délicieusement à leur ancienne Rome. Les Vénitiens sont entichés de leur noblesse. Les Grecs se considèrent comme les pères des arts, et se glorifient des titres de gloire des héros fameux de l'antiquité. Les Turcs, ce vil ramas de barbares, se piquent de posséder la meilleure religion, et se moquent des chrétiens,

qu'ils traitent de superstitieux. Mais ce qui est plus plaisant, les Juifs attendent encore obstinément leur Messie, et à l'heure qu'il est ils ne

démordent pas de leur Moïse. Les Espagnols se décernent la gloire militaire ; les Allemands s'enorgueillissent de leur haute taille et de leur savoir dans la magie.

Sans aller plus loin, vous voyez, j'imagine, combien de bonheur Philautie procure à tous les hommes individuellement et en masse. La Flatterie, sa sœur, lui ressemble presque ; car l'amour de soi consiste à se caresser soi-même, et la *flatterie* à caresser les autres. Cependant aujourd'hui la flatterie est décriée, mais par des gens qui s'attachent plus aux mots qu'aux choses. Ils prétendent que la bonne foi est incompatible avec la flatterie. L'exemple même des animaux leur aurait démontré tout le contraire. Qu'y a-t-il de plus flatteur que le chien, et en même temps de plus fidèle ? Quoi de plus caressant que l'écureuil, et de plus ami de l'homme ? A moins d'admettre que le lion cruel, le tigre féroce et le léopard furieux sont plus utiles à la vie des hommes. J'avoue qu'il y a une flatterie extrêmement dangereuse, dont certains esprits perfides et moqueurs s'arment pour perdre les malheureux. Mais celle qui m'est propre émane d'un cœur bon et candide ; elle est beaucoup plus voisine de la vertu que cette rudesse qui lui est opposée et que *cette humeur sauvage et chagrine* dont parle Horace (1). Elle relève les âmes abattues, console la tristesse, stimule la langueur, réveille l'engourdissement, soulage la maladie, désarme la colère, fait naître et entretient l'amitié, inspire à l'enfant le goût de l'étude, déride la vieillesse, donne des conseils et des leçons aux princes, sans les offenser, sous le masque de la louange. En somme, elle rend l'homme plus agréable et plus cher à lui-même, ce qui est le point principal du bonheur. Est-il rien de plus complaisant que deux mulets qui se

grattent mutuellement? J'ajoute que la flatterie joue un rôle dans l'éloquence tant vantée, un plus grand dans la médecine, un plus grand encore dans la poésie; enfin qu'elle constitue le charme et l'agrément des relations sociales.

(1) *Épîtres*, I, 18, v. 6.

« C'est un malheur, dit-on, d'être trompé. » Non, c'est un bien plus grand malheur de ne pas être. C'est une erreur grossière de croire que le bonheur de l'homme réside dans les choses mêmes ; il dépend de l'opinion. Les choses humaines sont si variées qu'il est impossible de rien savoir d'une manière certaine, comme l'ont fort bien dit mes Académiciens, les moins orgueilleux des philosophes. Et si l'on parvient à savoir quelque chose, c'est souvent aux dépens du bonheur de la vie. L'esprit de l'homme est ainsi fait que le mensonge a cent fois plus de prise sur lui que la vérité. Si vous en voulez une preuve convaincante, entrez dans un temple au moment du sermon. S'agit-il de choses sérieuses, on dort, on bâille, on s'ennuie ; mais que le crieur (je me trompe, je voulais dire le prêcheur), comme cela arrive souvent, entame un conte de vieille femme, tout le monde est éveillé, attentif, bouche béante. De même, si par hasard il existe un saint un peu fabuleux et poétique, comme par exemple Georges, Christophe ou Barbe, vous les verrez recueillir plus d'hommages que Pierre, Paul ou même le Christ. Mais ces choses-là ne nous regardent pas.

La possession de ce bonheur ne coûte absolument rien, tandis que les moindres connaissances, comme la grammaire, s'acquièrent souvent au prix de mille efforts. L'opinion se forme très aisément, et, malgré cela, elle contribue tout aussi bien et mieux encore au bonheur. Par exemple, celui-ci mange de la marée pourrie dont un autre ne pourrait supporter l'odeur, et y trouve un goût d'ambroisie; je vous le demande, cela l'empêche-t-il d'être heureux? Celui-là, au contraire, à qui un esturgeon donne des nausées, s'en régalerait-il? Cette femme est laide à faire peur; cependant son mari croit posséder en elle la rivale de Vénus; n'est-ce pas la même chose que si elle était parfaitement belle? Cet homme a un méchant tableau, barbouillé de rouge et de jaune, qu'il contemple avec admiration, convaincu que c'est une peinture d'Apelles ou de Zeuxis; n'est-il pas plus heureux que celui qui paye fort cher les œuvres de ces artistes et qui peut-être les regarde avec moins de plaisir? Je connais quelqu'un de mon nom (1) qui fit cadeau à sa jeune épouse de pierreries fausses, et, comme il savait très bien en

(1) Il est probable qu'Erasme a voulu désigner ici Thomas Morus, dont le nom se rapproche de celui de la Folie en grec.

...ter, il lui persuada qu'elles étaient non seule-
...nt fines, mais encore d'un prix inestimable. Je
...demande, qu'est-ce que cela faisait à cette jeune
...me, qui n'en repaissait pas moins agréable-
...nt ses yeux et son esprit de la vue de ce verre,
...qui serrait soigneusement ces riens comme un
...trésor? De son côté, le mari évitait la dé-
...et profitait de l'erreur de sa femme, qui
...était aussi reconnaissante que si elle eût reçu
...plus riche présent.

Quelle différence faites-vous entre ceux qui,
...l'antre de Platon, n'aperçoivent que l'ombre

et l'image des objets, sans rien désirer, sans être moins satisfaits d'eux-mêmes, et ce sage qui, sorti de l'antre, voit les choses sous leur véritable aspect ? Si le Mycille (1) de Lucien avait pu rêver éternellement qu'il était riche, il n'aurait pas eu d'autre bonheur à envier. Il n'y a donc pas de différence, ou, s'il en existe, elle est en faveur de la condition des fous. D'abord, leur félicité s'obtient à peu de frais, puisqu'elle ne repose que sur la persuasion. Ensuite, elle leur est commune avec plusieurs. Or, une jouissance qui n'est point partagée ne saurait être agréable. Qui ne sait combien est petit le nombre des sages, si toutefois il en existe ? La Grèce, depuis tant de siècles, n'en compte que sept, et encore, en les examinant bien, je gage qu'on ne trouve pas en eux la moitié, ni même le tiers d'un homme sage.

Parmi les nombreux avantages de Bacchus figure en première ligne l'art de dissiper les chagrins, mais seulement pour un temps très court, car sitôt que l'on a cuvé son vin, les soucis reviennent, comme l'on dit, au galop. Mes bienfaits, à moi, sont beaucoup plus complets et plus efficaces. Je plonge

---

(1) Personnage du dialogue intitulé *le Coq*.

l'âme dans une ivresse éternelle, dans les plaisirs, dans les délices, dans les ravissements, et cela sans qu'il en coûte. Je n'excepte personne dans la distribution de mes faveurs, tandis que les autres divinités, dans le partage des leurs, sont exclusives. Tout pays ne produit pas *ce vin généreux et doux qui chasse les soucis et coule avec l'espérance féconde* (1). Rares sont ceux qui ont la beauté, présent de Vénus; plus rares ceux qui possèdent l'éloquence, don de Mercure. Les richesses que dispense Hercule n'échoient pas à beaucoup de gens. Le Jupiter d'Homère n'accorde pas le sceptre au premier venu. Mars laisse souvent les combats indécis. Un grand nombre quittent avec tristesse le trépied d'Apollon. Le fils de Saturne lance plus d'une fois sa foudre. Phébus, avec ses traits, sème quelquefois la peste. Neptune noie plus de gens qu'il n'en sauve. Je ne parle pas des Véjoves (2), des Plutons, des Discordes, des Châtiments, des Fièvres et autres engeances qui ressemblent plus à des bourreaux qu'à des dieux. Moi, la Folie, je suis la seule qui répande mes bienfaits si précieux

---

(1) Horace, *Epîtres*, I, 15, v. 18-19.
(2) Les dieux du mal.

sur tous indistinctement. Je ne tiens pas aux vœux
je ne me mets point en colère et je n'exige p
d'expiations si, dans le cérémonial des rites o
omet une formalité. Je ne remue point ciel et ter
si quelqu'un, invitant les autres divinités, m
laisse chez moi et ne me convie pas à sentir l'o
deur des victimes. Les autres dieux sont si ch
touilleux sur ce point qu'il est presque préférabl
et beaucoup plus sûr de les négliger que de l

honorer. Ils ressemblent à certaines gens d'une humeur si difficile et si acariâtre qu'il vaut mieux les avoir pour ennemis que pour amis.

« Mais, direz-vous, on n'offre pas de sacrifices à la Folie, on ne lui élève pas de temples. » En vérité, une pareille ingratitude, je vous l'ai dit, m'étonne singulièrement. Mais, bonne comme je suis, je ne m'en offense point ; d'ailleurs, je ne puis pas même envier de pareils hommages. Pourquoi réclamerais-je un grain d'encens, une pincée de farine, un bouc, une truie, lorsqu'en tous lieux tous les mortels me rendent le culte que les théologiens eux-mêmes reconnaissent le meilleur ? Dois-je, par hasard, envier à Diane ses autels arrosés de sang humain ? Pour moi, je me trouve très religieusement honorée en voyant tout le monde me porter dans son cœur, m'imiter dans sa conduite, me ressembler dans sa vie. Ce genre de culte ne se rencontre pas souvent chez les chrétiens. Combien n'en voit-on pas offrir à la Vierge mère de Dieu un petit cierge en plein midi dont elle n'a que faire ? Combien peu au contraire s'efforcent de l'imiter par leur chasteté, par leur modestie, par leur amour des choses du ciel ! Voilà pourtant le vrai culte, le seul qui soit agréa-

ble aux habitants des cieux. D'ailleurs, pourquoi désirerais-je un temple? L'univers entier n'est-il pas pour moi le plus beau des temples? J'ai des dévots partout où il y a des hommes. Je ne suis pas non plus assez folle pour vouloir ces tableaux et ces statues qui nuisent parfois à notre culte, quand des gens stupides et grossiers adorent l'image à la place du dieu. Nous ressemblons alors à ces maîtres qui sont supplantés par leurs représentants. Je m'imagine qu'on m'a dressé autant de statues qu'il y a de mortels, car ils portent sur leurs traits mon image vivante, quand même ils ne le voudraient pas. Je n'ai donc rien à envier aux autres dieux parce qu'ils sont honorés en certains coins du monde et à des jours déterminés, comme Phébus à Rhodes, Vénus à Cypre, Junon à Argos, Minerve à Athènes, Jupiter sur l'Olympe, Neptune à Tarente, Priape à Lampsaque. Car tout l'univers en général m'offre continuellement des victimes d'un plus grand prix.

Si mon langage vous semble plus présomptueux que vrai, examinons un peu la conduite des hommes, afin de voir clairement combien ils me sont redevables, et le grand cas que tous, petits et grands, font de moi. Nous ne passerons pas en revue chacune des conditions sociales, ce serait beaucoup trop long ; nous nous attacherons seulement aux plus importantes, ce qui nous permettra de juger du reste. A quoi bon, en effet, parler du vulgaire, qui, sans contredit, m'appartient tout entier ? Il fourmille de tant d'espèces de folies, il en invente tous les jours tant de nouvelles, que ce ne serait pas trop de mille Démocrites pour en rire ; encore faudrait-il à tous ces Démocrites en ajouter un de plus.

On ne saurait croire quels rires, quelle gaieté, quels divertissements les pauvres humains procurent journellement aux Immortels. Ceux-ci consacrent les heures sobres de la matinée à vider des querelles et à écouter des vœux. Puis, quand ils sont ivres de nectar et hors d'état de s'occuper de choses sérieuses, ils vont s'asseoir dans la partie la plus haute du ciel, et là, le front penché, ils regardent ce que font les humains. Ils n'ont pas de spectacle plus amusant. Grand dieu ! quel théâtre que celui-là ! quelle variété dans ce pêle-mêle de fous ! Il m'arrive quelquefois de prendre place sur les gradins des dieux poétiques. L'un se meurt d'amour pour une femme, et moins il en est aimé plus sa passion redouble ; l'autre épouse une dot et non une femme. Celui-ci prostitue son épouse ; celui-là, jaloux, surveille la sienne comme Argus. Ciel ! que de folies dit et commet cet héritier en deuil qui va jusqu'à louer des espèces d'histrions pour jouer la comédie de ses larmes ! Cet autre pleure sur la tombe de sa belle-mère (1).

(1) Proverbe grec qui désigne ceux qui affectent un profond chagrin lorsque intérieurement ils se réjouissent.

Celui-ci donne à son ventre tout ce qu'il peut gagner, au risque de mourir un jour de faim ; celui-là met tout son bonheur à dormir et à ne rien faire. Il en est qui se démènent pour les affaires d'autrui et qui négligent les leurs. D'autres, en empruntant pour payer leurs dettes, se croient riches et marchent à la banqueroute. Cet autre ne trouve rien de plus beau que de vivre pauvrement pour enrichir son héritier. Celui-ci, pour un gain minime et incertain, court à travers les mers, exposant à la merci des ondes et des vents sa vie, que nul or ne peut racheter. Celui-là aime mieux chercher la fortune à la guerre que de jouir d'un repos tranquille dans ses foyers. Quelques-uns pensent qu'en faisant la cour aux vieillards sans enfants, ils arriveront vite à la fortune; d'autres, dans le même but, se font les amants des vieilles femmes riches. Mais comme ces gens-là font rire les dieux qui les regardent, quand ils finissent par être dupes de ceux qu'ils voulaient duper!

Les plus fous et les plus méprisables de tous sont les marchands, qui exercent la profession la plus vile par les moyens les moins estimables. Ils ont beau mentir, se parjurer, voler, frauder. tromper; ils se croient de hauts personnages parce qu'ils ont des anneaux d'or à tous les doigts. Il ne manque pas de moinillons flatteurs qui les admirent, qui les qualifient publiquement de *vénérables*, sans doute en vue d'obtenir quelque part de leurs honteux profits. Vous voyez ailleurs des Pythagoriciens tellement convaincus que tout est commun que, s'ils trouvent un objet qui ne soit pas gardé, ils se l'adjugent sans façon comme un héritage. Il y en a qui ne sont riches que d'espérances, qui se forgent des rêves dorés, et à qui ce bonheur suffit. Plusieurs aiment à passer pour riches au dehors et meurent de faim à la maison. L'un se hâte de dissiper tout ce qu'il a; l'autre amasse par n'importe quels moyens. Celui-ci, pour arriver aux honneurs, recherche la popularité; celui-là se plaît au coin de son feu. Un bon nombre s'embarquent dans des procès sans fin, et luttent à l'envi pour enrichir un juge ami des remises et un avocat son complice. Celui-ci aime le changement; celui-là nourrit dans sa tête un grand projet. Cet

autre, pour voir Jérusalem, Rome ou Saint-Jacques, où il n'a que faire, campe là maison, femme et enfants.

En somme, si, comme autrefois Ménippe (1), vous pouviez contempler du haut de la lune les agitations sans nombre des mortels, vous croiriez voir un essaim de mouches ou de moucherons qui se querellent, se combattent, se tendent des embûches, se pillent, jouent, folâtrent, naissent, tombent et meurent. On ne saurait croire quels troubles, quelles catastrophes soulève un si petit animalcule, dont la vie est si courte. Car la moindre bourrasque de peste ou de guerre en enlève et en détruit des milliers à la fois.

Mais je serais moi-même archi-folle, et je mériterais bien toutes les risées de Démocrite, si je continuais à énumérer les formes des folies et des insanités populaires. Je passe à ceux qui, parmi les mortels, affectent les dehors de la sagesse, et qui aspirent, comme ils le disent, au rameau d'or.

En première ligne figurent les grammairiens, engeance qui serait assurément la plus malheureuse, la plus affligée, la plus disgraciée des

(1) Personnage du dialogue du Lucien intitulé *Icaroménippe*.

…eux, si je n'adoucissais les désagréments de leur misérable profession par un doux genre de folie. Ils ne sont pas frappés seulement de *cinq malédictions*, c'est-à-dire de cinq présages sinistres, comme le déclare l'épigramme grecque, mais de mille. Toujours affamés et malpropres dans leurs écoles; que dis-je, des écoles? ce sont plutôt des *laboratoires*, ou mieux encore des galères et des maisons de force; au milieu d'un tas d'enfants, ils meurent de fatigue, sont assourdis par le vacarme, asphyxiés par la puanteur et l'infection, et cependant, grâce à moi, ils se croient les premiers des hommes. Sont-ils contents d'eux-mêmes quand, d'une voix et d'un air menaçants, ils épouvantent leurs marmots tremblants, qu'ils déchirent ces malheureux à coups de férule, de verges et de fouet, et qu'ils se livrent à mille accès de fureur, à l'imitation de l'âne de Cumes (1)! Avec cela, leur malpropreté est pour eux le comble de l'élégance, leur infection exhale l'odeur de la marjolaine; leur affreux esclavage leur paraît un trône, si bien qu'ils ne voudraient pas troquer leur tyrannie

(1) L'âne revêtu de la peau du lion.

contre la couronne de Phalaris (1) ou de Denys (2).

Mais la haute opinion qu'ils ont de leur savoir les rend encore bien plus heureux. Quoiqu'ils bourrent la tête des enfants de pures extravagances, avec quel dédain, bons dieux ! ils traitent les Pa-

(1) Voir la note 1, page 20.
(2) Tyran de Syracuse qui, chassé de sa patrie en raison de ses cruautés, fut obligé, pour gagner sa vie, de se faire maître d'école à Corinthe.

mon (1) et les Donat (2) au prix d'eux ! Ils ensorcellent je ne sais comment les mères sottes et les pères idiots, qui les prennent pour ce qu'ils se donnent. Voici encore un de leurs plaisirs : l'un d'eux a-t-il découvert dans de vieux parchemins le nom de la mère d'Anchise ou un mot inconnu du vulgaire, comme *Bubsequa, Bovinator, Manticulator* (3) ; ou a-t-il déterré quelque part un fragment de pierre antique marqué de lettres tronquées ? O Jupiter ! quels transports de joie ! quel triomphe ! quels éloges ! On dirait qu'ils ont conquis l'Afrique ou pris Babylone. Qu'est-ce donc quand ils montrent à tout venant leurs vers, les plus plats et les plus absurdes du monde, et qu'il se trouve des gens qui les admirent ? Ils croient fermement que l'âme de Virgile a passé dans leur cerveau. Mais rien n'est plus plaisant que de les voir entre eux faire assaut de compliments et d'éloges, et se gratter réciproquement. S'il arrive à l'un d'eux de se tromper d'une syllabe et qu'un

(1) Grammairien latin du temps de Tibère et de Claude, dont il ne nous reste que des fragments.
(2) Célèbre grammairien et rhéteur romain du quatrième siècle, dont la grammaire latine a servi de base à tous les traités publiés sur le même sujet.
(3) Bouvier, inconstant, coupeur de bourses.

autre plus clairvoyant s'en aperçoive, *Grand Hercule !* aussitôt que de bruit, que de batailles, que d'injures, que d'invectives ! J'appelle sur ma tête le courroux de tous les grammairiens si je mens. Je connais un homme *versé dans beaucoup de sciences :* grec, latin, mathématiques, philosophie, médecine, *et cela à fond ;* il est presque sexagénaire, et voilà plus de vingt ans qu'il a tout laissé pour se casser la tête dans l'étude de la grammaire. Tout son bonheur serait de pouvoir vivre assez longtemps pour établir au juste la distinction des huit parties du discours, chose que jusqu'à présent personne, ni chez les Grecs, ni chez les Latins, n'a su faire parfaitement. Comme si c'était un cas de guerre que de confondre la conjonction avec l'adverbe ! Dans ce dessein, comme il y a autant de grammaires que de grammairiens (et même davantage, car mon ami Alde (1) en a donné à lui seul plus de cinq), il n'en est aucune, si barbare et si ennuyeuse qu'elle soit, que notre homme ne lise et ne relise. Il est jaloux des moindres sottises que l'on débite sur ce sujet, tellement il appréhende qu'on ne lui ravisse sa gloire et que tant

---

(1) Alde Manuce, célèbre imprimeur vénitien.

d'années de travail ne soient perdues. Appelez cela insanité ou folie, comme vous voudrez, cela m'est égal, pourvu que vous reconnaissiez que, grâce à mes bienfaits, l'animal le plus malheureux de tous goûte un tel bonheur qu'il ne voudrait pas changer son sort contre celui des rois de Perse.

Les poètes me sont moins redevables, quoiqu'ils

relèvent évidemment de moi. Esprits indépendants, comme dit le proverbe, leur unique application consiste à charmer les oreilles des fous par de pures fadaises et par des fables ridicules. Et c'est avec de tels moyens qu'ils osent se promettre à eux et aux autres l'immortalité et une vie semblable à celle des dieux. Cet ordre, qui par-dessus tout est esclave de *Philautie* et de la *Flatterie*, me rend le culte le plus sincère et le plus constant.

Les rhéteurs, bien qu'à la vérité ils prévariquent quelquefois pour s'entendre avec les philosophes, m'appartiennent également. La meilleure preuve, entre autres bagatelles de leur part, c'est le soin particulier avec lequel ils ont écrit une foule de préceptes sur l'art de plaisanter. L'auteur de la Rhétorique dédiée à Hérennius, quel qu'il soit, ne compte-t-il pas la folie parmi les moyens de plaire ? et Quintilien, le prince des rhéteurs, n'a-t-il pas composé sur le rire un chapitre plus long que l'*Iliade?* Enfin, ils font tant de cas de la folie que, souvent, ce qu'aucun argument ne pourrait réfuter, ils l'éludent par un éclat de rire. Douterait-on que la Folie ait le privilège d'exciter le rire par des plaisanteries débitées avec art ?

Ils sont de la même farine ceux qui, en faisant des livres, se flattent d'immortaliser leur nom. Ils me doivent tous beaucoup, mais principalement ceux qui barbouillent le papier de leurs balivernes. Quant à ceux qui écrivent savamment pour plaire à quelques gens instruits, et qui ne récusent pour juges ni Persius ni Lélius (1), je les trouve bien plus à plaindre qu'à envier, car leur vie est une torture continuelle. Ils ajoutent, changent, retranchent, quittent, reprennent, reforgent, communiquent, *gardent neuf ans*, ne sont jamais satisfaits d'eux-mêmes, et payent bien cher une récompense futile, la gloire, qui est le lot d'un très petit nombre, par tant de veilles, au prix du sommeil, ce baume de la vie, par tant de sueurs et de tourments. Ajoutez encore la perte de la santé, les rides du visage, l'affaiblissement de la vue ou même la cécité, la pauvreté, l'envie, les privations, une vieillesse précoce, une mort prématurée, et mille autres souffrances; voilà par quels sacrifices ce sage croit devoir acheter l'approbation de deux ou trois chassieux.

Quelle plus douce folie, au contraire, que celle de mon écrivain, qui sans nul effort jette immé-

(1) Allusion à une boutade du poète Lucilius, qui récusait pour ses critiques Persius et Lélius comme trop savants disant plaisamment qu'il n'écrivait que pour les Tarentins les Consentins et les Siciliens.

diatement par écrit tout ce qui lui passe par la tête, tout ce qui vient au bout de sa plume, toutes ses rêveries, sans qu'il lui en coûte autre chose qu'un peu de papier? Il sait très bien que plus il écrira de balivernes, plus il sera goûté de la multitude, c'est-à-dire des fous et des ignorants. Que lui importe que ces trois savants, s'ils viennent à lire ses productions, les méprisent! De quel poids sera l'avis d'un si petit nombre de sages dans cette foule immense d'opposants?

Ceux-là sont encore plus avisés qui publient sous leur nom les ouvrages d'autrui. Ils s'attribuent faussement la gloire acquise par un autre à force de travail, dans l'espoir sans doute que, fussent-ils accusés de plagiat, ils en jouiront du moins pendant quelque temps. Il faut voir comme ils se rengorgent lorsqu'on les loue en public, qu'on les montre du doigt dans la foule: *Le voilà, le fameux un tel!* qu'ils sont étalés chez les libraires, et qu'au frontispice de leurs volumes on lit trois mots, le plus souvent étrangers et semblables à des caractères magiques. Dieux immortels! que signifient ces noms? Combien peu de gens, dans ce vaste univers, sauront les déchiffrer! Combien moins encore les approuveront! car les ignorants ont aussi chacun leur goût. En effet, ces noms sont le plus souvent forgés ou empruntés aux livres des anciens. L'un aime à se nommer Télémaque ; l'autre, Stélénus ou Laërte ; celui-ci, Polycrate ; celui-là, Thrasymaque. Ils feraient tout aussi bien d'intituler leur livre : *le Caméléon* ou *la Citrouille*, ou, pour imiter le langage des philosophes, *Alpha* ou *Bêta*. Mais le plus joli, c'est de voir ces fous et ces ignorants se louer entre eux tour à tour par des épîtres, des vers et des panégyriques. « Vous êtes un Alcée », dit le premier. « Vous êtes un Callimaque », répond le second. « Vous êtes un Cicéron », s'écrie l'un. « Vous êtes plus savant que Platon, » réplique l'autre. Quelquefois même ils cherchent un antagoniste, afin d'accroître leur réputation en rivalisant avec lui. Alors

Le public incertain se divise en deux camps,

jusqu'à ce que les deux généraux, ayant bien combattu, se retirent victorieux et remportent tous deux les honneurs du triomphe. Les sages s'en moquent en disant avec raison que c'est le comble de la folie. Personne ne soutient le contraire. Mais, en attendant, grâce à moi, ces gens vivent parfaitement heureux, et ne donneraient pas leurs triomphes pour ceux des Scipions. D'ailleurs, ces savants eux-mêmes, qui rient de tout cela à cœur joie et qui se divertissent de l'insanité d'autrui, m'ont de grandes obligations et ne pourraient le nier sans la plus noire ingratitude.

Parmi les savants, les jurisconsultes s'arrogent le

premier rang, et sont ceux qui s'en croient le plus. Roulant sans cesse le rocher de Sisyphe, ils appliquent à la même affaire des centaines de lois qui n'ont aucun rapport au sujet, entassent gloses sur gloses, opinions sur opinions, et font passer leur science pour la plus difficile de toutes. Ils s'imaginent que plus l'on se donne de peine, plus l'on a de mérite.

Mettons à côté d'eux les dialecticiens et les sophistes, engeance plus bruyante que l'airain de Dodone, et dont n'importe lequel pourrait lutter de bavardage avec vingt commères choisies. Passe encore d'être bavards, s'ils n'étaient querelleurs ; mais ils s'escriment avec acharnement sur des riens, et souvent, *à force de discussions, ils sortent de la vérité*. Néanmoins leur amour-propre les rend heureux. Armés de trois syllogismes, ils bataillent hardiment avec n'importe qui, sur n'importe quoi. Leur entêtement les rend invincibles, lors même qu'ils auraient affaire à Stentor.

Après eux viennent les philosophes, vénérables par leur barbe et par leur manteau, qui se disent les seuls sages, et comparent le reste des mortels à *des ombres qui voltigent*. Quel suave délire quand ils bâtissent des mondes innombrables, qu'ils mesurent comme avec le pouce ou avec un fil le soleil, la lune, les étoiles, les sphères; qu'ils

expliquent les causes du tonnerre, des vents, des éclipses et autres phénomènes inexplicables, sans la moindre hésitation ! Ne dirait-on pas qu'ils sont les secrétaires de l'architecte du monde, et qu'ils nous arrivent du conseil des dieux ? En attendant, la nature se moque joliment d'eux et de leurs conjectures. En effet, ils ne savent rien de certain ; les disputes interminables qu'ils soulèvent entre eux sur chaque point en sont une preuve évidente. Ils ne savent absolument rien, et ils prétendent tout savoir. Ils s'ignorent eux-mêmes ; ils ne voient souvent pas le fossé ou la pierre qui est devant eux ; soit qu'ils aient la berlue, soit qu'ils battent la campagne. Mais les idées, les universaux (1), les formes séparées, les matières premières, les quiddités (2), les eccéités (3), les instants, toutes choses si imperceptibles qu'à mon avis Lyncée lui-même ne les distinguerait pas, ils ont la prétention de les voir. Comme ils font fi du profane vulgaire quand, à l'aide de triangles, de carrés, de cercles et autres figures géométriques enchevêtrées les unes dans les autres en forme de labyrinthe, accompagnées d'un bataillon de lettres auxquelles ils font faire des évolutions, ils jettent de la poudre aux yeux des ignorants ! Il y en a dans le nombre qui prédisent l'avenir en consultant les astres, qui promettent

---

(1) Porphyre, dans son *Indroduction à la Logique d'Aristote*, a établi cinq universaux, qui sont : le genre, l'espèce, la différence, le propre et l'accident.
(2) Ce qu'une chose est en soi.
(3) Ce qui indique la qualité d'être présent, comme si cette qualité pouvait exister sans l'objet.

des miracles plus que magiques, et il se trouve des gens assez heureux pour y ajouter foi.

Peut-être vaudrait-il mieux passer sous silence les théologiens, *ne pas remuer ce bourbier*, et ne pas toucher ce bois puant. Orgueilleux et irascibles au plus haut degré, ils seraient capables de m'attaquer en corps par mille conclusions, de me forcer à me rétracter, et, sur mon refus, de me déclarer immédiatement hérétique. C'est la foudre

dont ils se servent pour faire peur à tous ceux qui ne leur plaisent pas. Je n'ai point de protégés qui me témoignent plus d'ingratitude, et pourtant ils me sont redevables à bien des titres. Heureux par l'amour de soi, comme s'ils habitaient le troisième ciel, ils regardent d'en haut tout le reste des humains comme des animaux qui rampent sur la terre, et en ont presque pitié. Ils sont entourés d'un si nombreux cortège de définitions magistrales, de conclusions, de corollaires, de propositions explicites et implicites; ils ont sous la main tant de faux-fuyants, que, les enfermât-on dans le réseau de Vulcain, ils s'en échapperaient par des

distinctions qui tranchent tous les nœuds aussi aisément que la hache de Ténédos. Ils fourmillent de mots nouvellement forgés et de termes baroques. En outre, ils expliquent les mystères à leur façon : comment le monde a été créé et disposé ; par qui la tache du péché originel s'est répandue sur la postérité ; de quelle manière, dans quelle mesure et en combien de temps le Christ a été formé dans le sein de la Vierge ; comment dans l'eucharistie les accidents subsistent sans la matière.

Mais ces questions-là sont rebattues. En voici d'autres réservées aux grands théologiens, aux illuminés, comme on les appelle, et qui, lorsqu'elles se présentent, réveillent leur imagination : « Y a-t-il eu un instant dans la génération divine ? Y a-t-il plusieurs filiations dans le Christ ? Cette proposition : *Dieu le père hait son fils*, est-elle possible ? Dieu aurait-il pu prendre la forme d'une femme, d'un diable, d'un âne, d'une citrouille ou d'un caillou ? Alors comment une citrouille aurait-elle pu prêcher, faire des miracles, être crucifiée ? Qu'est-ce que Pierre aurait consacré, s'il avait opéré la consécration pendant que le Christ était sur la croix ? Pourrait-on dire que dans ce moment le Christ était homme ? Après la résurrection, sera-t-il permis de boire et de manger ? » Comme s'ils avaient déjà peur de mourir de soif et de faim !

Il y a encore une foule de *subtilités niaises*, cent fois plus subtiles que celles-là, sur les notions, les relations, les instants, les formalités, les quiddités, les eccéités, toutes choses que personne ne saurait atteindre du regard, à moins qu'un nouveau Lyncée n'eût le don de voir dans les plus épaisses ténèbres ce qui n'existe nulle part. Ajoutez à cela leurs *maximes si étranges* qu'auprès d'elles les sentences des stoïciens, qu'on traite de paradoxes, sont communes et banales. Par exemple : c'est un péché moins grave de massacrer un millier d'hommes que de coudre, le dimanche, le soulier d'un pauvre; et il vaut mieux laisser périr l'univers entier, avec armes et bagages, comme l'on dit, que d'articuler un seul petit mensonge, si innocent qu'il soit. Ces subtilités si subtiles sont rendues plus subtiles encore par les systèmes sans nombre des scolastiques, en sorte que vous vous tireriez plus aisément d'un labyrinthe que des tortuosités des Réalistes, des Nominalistes (1), des Thomistes, des Albertistes,

(1) Les Nominalistes prétendaient que les idées abstraites n'étaient que des êtres de raison, et, comme on disait, des souffles de voix, par opposition aux Réalistes, qui leur attribuaient une existence réelle.

des Ockanistes, des Scotistes. Je ne nomme pas toutes les sectes, je désigne seulement les principales. Il y a dans toutes tant d'érudition, tant de difficultés, qu'à mon sens, les apôtres auraient besoin d'un autre esprit s'il leur fallait disputer sur ces matières avec ce nouveau genre de théologiens.

Paul était animé de la foi, mais lorsqu'il a dit : *La foi est le fondement des choses que l'on doit espérer et une pleine conviction de celles que l'on ne voit pas* (1), il l'a définie d'une façon peu magistrale. Il pratiquait à merveille la charité, mais il ne l'a ni divisée ni définie en dialecticien dans le treizième chapitre de sa première épître aux Corinthiens. Assurément, les apôtres célébraient saintement la consécration, et pourtant, si on les avait interrogés sur les termes *a quo* et *ad quem*, sur la transsubstantiation, sur la manière dont le même corps se trouve en divers endroits, sur les différences du corps du Christ au ciel, sur la croix et dans le sacrement de l'eucharistie, sur l'instant où se fait la transsubstantation quand les paroles qui l'opèrent, étant une quantité discrète, sortent

---

(1) *Épître aux Hébreux*, XI, 1.

de la bouche du prêtre, je ne crois pas que leurs réponses eussent égalé la subtilité avec laquelle les Scotistes expliquent et définissent tout cela. Ils connaissaient la mère de Jésus, mais lequel d'entre eux a démontré aussi philosophiquement que nos théologiens comment elle a été préservée de la tache d'Adam ? Pierre reçut les clefs, et il les a reçues d'une main incapable de les confier à un indigne ; mais je doute qu'il ait jamais compris ce raisonnement subtil par lequel un homme qui n'a pas la science peut posséder la clef de la science. Les apôtres baptisaient de tous côtés, et pourtant ils n'ont jamais enseigné quelle est la cause formelle, matérielle, efficiente et finale du baptême ; ils ne parlent nullement de son caractère délébile et indélébile. Ils adoraient Dieu en esprit, conformément à cette parole de l'Evangile : *Dieu est esprit, et il faut l'adorer en esprit et en vérité.* Mais il ne paraît pas qu'il leur ait été révélé qu'une méchante image charbonnée sur un mur méritât la même adoration que le Christ pour peu qu'elle eût deux doigts étendus, de longs cheveux et trois raies autour de l'occiput. Pour comprendre cela, il faut avoir passé au moins trente-six ans de sa vie à étudier la physique et la métaphysique d'A-

ristote et de Scot. Les apôtres parlent souvent de la grâce, mais ils ne signalent jamais la différence qui existe entre la grâce gratuite et la grâce gratifiante. Ils prêchent les bonnes œuvres, mais ils ne distinguent pas entre l'œuvre opérante et l'œuvre opérée. Ils recommandent sans cesse la charité, mais ils ne séparent pas l'infuse de l'acquise; ils n'expliquent pas si elle est un accident ou une substance, une chose créée ou incréée. Ils détestent les péchés, mais que je meure s'ils avaient pu définir scientifiquement ce que nous appelons le péché, sans être nourris de l'esprit des Scotistes. On ne me fera pas croire que Paul, dont le savoir seul permet de juger de tous les autres, eût condamné tant de fois les questions, les discussions, les généalogies et ce qu'il nomme lui-même les *logomachies*, s'il avait été versé dans ces arguties. Et pourtant, les disputes et les querelles de son temps étaient rustiques et grossières, en comparaison des subtilités de nos docteurs, qui en remontreraient à Chrysippe (1).

Il est vrai de dire que ces hommes ont assez de modestie pour ne pas condamner et pour interpréter favorablement ce qu'il peut y avoir de rude ou de peu magistral dans les écrits des apôtres. C'est un hommage qu'ils rendent sans doute en partie à l'antiquité, en partie au caractère apostolique. Mais, en conscience, serait-il juste d'exiger des apôtres toutes ces grandes choses dont leur Maître ne leur a jamais dit un mot? Si les mêmes passages se rencontrent dans Chrysostome, Basile ou Jérôme, ils se contentent d'écrire en marge

(1) Un des chefs de l'école stoïcienne, célèbre par l'abus qu'il a fait du raisonnement.

Ce n'est pas reçu. Il est vrai que ces Pères ont confondu par leur vie et par leurs miracles plutôt que par des syllogismes les philosophes païens et les Juifs, fort entêtés de leur nature, mais dont aucun n'eût été à même de comprendre une seule question quodlibétaire (1) de Scot. Aujourd'hui, quel païen, quel hérétique ne céderait immédiatement devant cette avalanche de subtilités insaisissables, à moins d'être assez stupide pour ne pas les comprendre, ou assez insolent pour les siffler, ou assez pourvu de raisonnements captieux pour soutenir la lutte? On verrait alors jouter magicien contre magicien; les deux champions seraient armés chacun d'une épée enchantée, et n'aboutiraient qu'à recommencer la toile de Pénélope.

A mon avis, les chrétiens feraient bien d'envoyer contre les Turcs et les Sarrasins, au lieu de ces gros bataillons qui depuis longtemps combattent sans succès, les Scotistes si braillards, les Ockanistes si opiniâtres, les Albertistes invincibles, et toute la bande des sophistes. On verrait, j'en suis sûr, la bataille la plus plaisante du monde et une

(1) Les questions quodlibétaires, c'est-à-dire choisies et posées comme l'entend l'auteur de la thèse, étaient une source de contestations sans fin.

victoire sans pareille. Qui serait assez froid pour ne pas être enflammé par leurs pointes? assez mou pour ne pas obéir à leur aiguillon? assez clairvoyant pour qu'ils ne lui jettent pas de la poudre aux yeux?

Vous prenez peut-être ce que je vous dis là pour des plaisanteries? Cela ne m'étonne point, car parmi les théologiens eux-mêmes les vrais savants éprouvent du dégoût pour ces arguties des théologiens, qu'ils traitent de frivolités. Il y en a qui regardent comme un sacrilége exécrable, comme le comble de l'impiété, de parler avec si peu de respect de mystères qu'on doit plutôt adorer qu'expliquer, de les discuter à l'aide des arguties profanes des païens, de les définir avec tant d'arrogance et d'avilir la majesté divine de la théologie par des expressions et des pensées si triviales, ou, pour mieux dire, si indécentes. Néanmoins les autres se complaisent en eux-mêmes et s'applaudissent ; occupés nuit et jour de ces charmantes bagatelles, ils n'ont pas le temps d'ouvrir une seule fois l'Evangile ou les Epîtres de Paul. Et parce qu'ils remplissent les écoles de ces fadaises, ils s'imaginent que l'Eglise entière s'écroulerait sans l'échafaudage de leurs syllogismes qui lui servent d'appui, de même qu'Atlas, au dire des poètes, soutient le ciel sur ses épaules.

Jugez combien ils sont heureux de façonner et de refaçonner à leur guise les saintes Ecritures comme une cire molle ; de donner leurs conclusions, signées de quelques pédants, comme bien plus sages que les lois de Solon et préférables même aux décrets pontificaux ; de s'ériger en censeurs du genre humain et de faire rétracter tout ce qui ne se conforme pas rigoureusement à leurs conclusions explicites et implicites. Ils déclarent d'un ton d'oracle que telle proposition est scanda-

leuse, telle autre irrévérencieuse, celle-ci hérétique, celle-là malsonnante ; en sorte que ni le baptême, ni l'Evangile, ni Paul, ni Pierre, ni Jérôme, ni Augustin, ni même Thomas, l'*Aristotélicien par excellence*, ne sauraient faire un chrétien sans l'aveu de nos bacheliers, tant leurs raisonnements sont subtils. Qui se douterait, par exemple, qu'il n'est pas chrétien de dire que les deux phrases suivantes : *Pot de chambre, tu pues*, et : *Le pot de chambre pue;* ou bien : *La marmite bout,* et : *Elle bout, la marmite,* ont la même signification, si ces sages ne l'eussent démontré ? (1) Qui eût affranchi l'Eglise des ténèbres de pareilles erreurs, que personne assurément n'aurait lues s'ils ne les avaient affichées munies de grands sceaux ? Ne sont-ils pas extrêmement heureux quand ils font tout cela ? Puis, quand ils décrivent de point en point tout ce qui se passe en enfer, comme s'ils avaient vécu plusieurs années dans cette république ? Ensuite, quand ils bâtissent à leur gré de nouvelles sphères, dont une très spacieuse et très belle, sans doute pour que les âmes des bienheureux puissent se promener à leur aise, donner des banquets et même jouer à la paume ? Ces sornettes et un tas d'autres du même genre leur farcissent et leur gonflent tellement la tête qu'à mon avis le cerveau de Jupiter était moins gros lorsque, pour accoucher de Pallas, il implora la hache de Vulcain. Ne soyez donc pas surpris de voir, dans les discussions publiques,

---

(1) Un moine ayant avancé que ces deux propositions : *Socrate, tu cours,* et : *Socrate court,* étaient également bonnes, l'Université d'Oxford le condamna.

leurs têtes si bien embéguinées, car autrement elles éclateraient.

Je ris souvent moi-même de voir que plus leur jargon est barbare et indécent, plus ils se croient de grands théologiens ; qu'ils balbutient tellement qu'un bègue seul peut les comprendre, et qu'ils qualifient de profondeur tout ce que le vulgaire n'entend point. Ils soutiennent en effet qu'il est indigne de la doctrine sacrée d'obéir aux lois des grammairiens. Quel singulier privilège des théologiens s'ils ont seuls le droit de parler mal ! Encore ont-ils cela de commun avec beaucoup de savetiers. Enfin, ils se croient presque des dieux chaque fois qu'on les salue presque dévotement du titre de *Notre Maître*. Ce nom, pour eux, équivaut au *Jehovah* des Juifs. Aussi prétendent-ils qu'on ne doit écrire MAGISTER NOSTER qu'en lettres majuscules. Si quelqu'un s'avisait de dire par inversion : NOSTER MAGISTER, il commettrait un crime de lèse-majesté théologique.

Les plus heureux après ceux-là sont ceux qui se nomment vulgairement religieux et moines : deux qualifications très fausses, car la plupart n'ont pas de religion et on les rencontre en tous lieux (1). Il n'y aurait rien de plus malheureux qu'eux si je ne leur venais en aide de mille façons. Bien que tout le monde les exècre au point que les rencontrer par hasard passe pour un mauvais présage,

---

(1) Moine veut dire solitaire.

ils ont la plus haute opinion d'eux-mêmes. D'abord, ils considèrent comme le comble de la piété de pousser l'ignorance jusqu'à ne pas savoir lire. Ensuite, quand ils braillent comme des ânes dans les églises en chantant leurs psaumes, dont ils savent bien le nombre, mais non le sens, ils croient véritablement charmer les oreilles de la Divinité. Plusieurs d'entre eux trafiquent avantageusement de leur crasse et de leur mendicité ; ils beuglent à toutes les portes pour demander du pain ; il n'y a pas d'auberge, de voiture ni de bateau qu'ils n'assiègent, au grand préjudice des autres mendiants. C'est ainsi que ces plaisants personnages, par leur saleté, leur ignorance, leur grossièreté et leur

effronterie, ont la prétention d'être les images des apôtres.

Quoi de plus amusant que de les voir tout faire réglementairement avec une précision mathématique qu'il serait impie de ne pas observer? Le soulier aura tant de nœuds; la ceinture sera de telle couleur; la robe sera coupée de telle façon; la ceinture sera de telle étoffe et aura tant de largeur; le capuchon aura telle forme et contiendra tant de boisseaux; la tonsure sera large de tant de doigts; on dormira tant d'heures. Qui ne sent combien cette égalité est inégale avec une si grande variété de tempéraments et de caractères?

Cependant, à cause de ces bagatelles, ils ne se contentent pas de faire fi des laïques, ils se méprisent les uns les autres, et ces hommes, qui professent la charité apostolique, pour une ceinture différente, pour une couleur un peu plus foncée, jettent feu et flamme. Parmi ces rigides observateurs de la règle, les uns portent un froc de bure et une chemise de lin ; d'autres au contraire revêtent une chemise de bure et un froc de lin. D'autres fuient comme un poison le contact de l'argent,

mais ils ne redoutent pas le vin ni le contact des femmes. Enfin toute leur ambition est d'avoir un genre de vie à part. Ils visent non à ressembler au Christ, mais à ne point se ressembler entre eux.

Les surnoms contribuent pour beaucoup à leur bonheur. Les uns sont fiers du nom de Cordeliers, et parmi ceux-là on distingue les Récollets, les Mineurs, les Minimes, les Bullistes. Puis viennent les Bénédictins, les Bernardins, les Brigittins, les Augustins, les Guilhelmistes, les Jacobites. Comme si c'était trop peu du nom de Chrétiens!

La plupart d'entre eux attachent une telle importance à leurs cérémonies et aux traditions humaines qu'ils s'imaginent que le ciel n'est pas une trop haute récompense pour tant de mérites. Ils ne songent pas que le Christ, dédaignant tout cela, leur demandera s'ils ont été fidèles à son précepte de la charité. L'un étalera sa bedaine, farcie de toutes sortes de poissons ; l'autre videra cent boisseaux de psaumes ; un troisième comptera des myriades de jeûnes et ajoutera qu'il a failli crever autant de fois par un seul repas ; un quatrième produira un tel amas de cérémonies que sept gros navires ne suffiraient pas à les transporter. Celui-ci se glorifiera de n'avoir jamais touché d'argent, pendant une soixantaine d'années, sans un double gant ; celui-là présentera un capuchon si sale et si crasseux qu'un matelot n'en voudrait pas ; cet autre rappellera qu'il a vécu plus de

onze lustres comme l'éponge, toujours rivé au même endroit. Un autre exposera qu'il s'est enroué à force de chanter. Celui-ci dira que la solitude l'a abruti; celui-là, qu'un silence perpétuel lui a paralysé la langue.

Mais le Christ, interrompant ces vanteries, qui sans cela ne tariraient pas : « D'où vient, s'écriera-t-il, cette nouvelle espèce de Juifs? Je ne connais véritablement que ma loi, et c'est la seule chose dont je n'entends point parler. Jadis, sans employer le voile des paraboles, j'ai promis ouvertement l'héritage de mon Père non aux capuchons, aux prières et aux jeûnes, mais aux œuvres de foi et de charité. Je ne connais pas ceux qui proclament tant leurs actes. Que ces gens qui veulent paraître plus saints que moi occupent, si bon leur semble, les cieux des Abraxasiens (1), ou qu'ils se fassent bâtir un nouveau ciel par ceux dont ils ont préféré les traditions à mes préceptes. » Quand ils entendront ce langage et qu'ils se verront supplantés par des matelots et des charretiers, figurez-vous de quels yeux ils se regarderont. En attendant, ils sont heureux en espérance, grâce à moi.

Bien qu'ils vivent en reclus, personne n'ose les mépriser, surtout les mendiants, parce qu'ils connaissent les secrets de tout le monde au moyen de ce qu'ils appellent la confession. Il est vrai qu'ils se font un crime de les révéler, si ce n'est quand ils ont bu et qu'ils veulent se divertir par

(1) Secte fondée par Basilide d'Alexandrie, philosophe Pythagoricien qui vivait au commencement du deuxième siècle. Le mot *Abraxas* n'était autre chose que le nombre 365 représenté en lettres. La superstition aidant, on considéra ce mot comme le symbole de l'Etre suprême, et on en fit des talismans qui coururent dans toute l'Europe.

de piquantes anecdotes; ils laissent alors deviner la chose sans indiquer les noms. Si quelqu'un irrite ces frelons, ils s'en vengent bien dans leurs prônes, en flétrissant leur ennemi par des mots indirects si transparents qu'il faudrait être stupide pour ne pas les comprendre. Ils ne cessent d'aboyer que quand on leur a jeté dans la gueule de la pâtée (1).

Dites-moi, est-il un comédien, un bateleur com-

(1) Allusion au moyen qu'employa Énée pour apaiser Cerbère. (*Énéide*, VI, 418.)

parable à ces prédicateurs burlesques, qui singent d'une façon si plaisante les préceptes de la rhétorique? Grand Dieu! quels gestes! quelles justes inflexions de voix! quelle psalmodie! comme ils se démènent! comme ils changent successivement de physionomie! comme ils poussent d'effroyables cris! Cet art de prêcher est comme une recette mystérieuse que le moine transmet en héritage au moinillon. Bien qu'il ne me soit pas donné de connaître leur prodédé, j'en parlerai néanmoins par conjecture.

Ils font d'abord une invocation, à l'exemple des poètes. Ensuite, pour parler de la charité, ils pêchent leur exorde dans le Nil, fleuve d'Égypte; pour expliquer le mystère de la croix, ils commencent avec à-propos par Bel, le dragon de Babylone; pour traiter du jeûne, ils débutent par les douze signes du Zodiaque; pour discourir sur la foi, ils préludent par de longues considérations sur la quadrature du cercle.

J'en ai moi-même entendu un éminemment extravagant... pardon, je voulais dire savant, qui prêchait sur le mystère de la sainte Trinité devant un auditoire fort nombreux. Voulant faire preuve d'une érudition peu commune et charmer les oreilles des théologiens, il s'y prit d'une façon tout à fait neuve, parla des lettres, des syllabes, des parties du discours, puis passa à l'accord du sujet et du verbe, de l'adjectif et du substantif. Tout le monde s'étonnait, et quelques-uns répétaient tout bas ce mot d'Horace : *Que signifient toutes ces fadaises ?* Il finit par démontrer que les éléments de la grammaire reproduisaient si exactement le symbole de la Trinité qu'une figure de géométrie ne le représenterait pas mieux. Ce *théologien sublime* s'était donné tant de mal, pendant huit mois, pour composer ce sermon, qu'il est aujourd'hui plus aveugle qu'une taupe : la finesse de son esprit aura probablement absorbé toute la lumière de ses yeux. Du reste, il ne regrette pas d'avoir perdu la vue : il regarde cela comme un mince sacrifice pour une pareille gloire.

J'en ai entendu un autre, âgé de quatre-vingts ans, si profond théologien qu'on l'aurait pris pour un second Scot. Celui-ci, voulant expliquer le mystère du nom de Jésus, démontra avec une sagacité admirable que tout ce que l'on pouvait dire du Sauveur était renfermé dans les lettres de son nom. En effet, comme il n'a que trois terminaisons, il est évidemment le symbole de la sainte

Trinité. Ensuite, comme la première terminaison *Jesus* est en *s*, la seconde *Jesum* en *m*, la troisième *Jesu* en *u*, il y a là-dedans un mystère *ineffable* : ces lettres n'indiquent-elles pas que Jésus est le zénith (*summum*), le centre (*medium*) et le nadir (*ultimum*) ? Restait un mystère plus indéchiffrable encore que tout cela. Il divisa mathématiquement le nom de Jésus en deux parties égales, en supprimant l's qui occupe le milieu du mot. Il démontra ensuite que cette lettre, chez les Hébreux, s'appelle *syn* ; que *syn*, dans la langue des Scots j'imagine, veut dire *le péché*, et qu'il en résulte clairement que c'est Jésus qui efface les péchés du monde. Cet exorde étrange causa un tel ébahissement à tous les auditeurs, surtout aux théologiens, que peu s'en fallut qu'ils n'éprouvassent le même sort que Niobé (1). Pour ma part, je faillis faire comme ce Priape en bois de figuier qui, pour son malheur, fut témoin des sacrifices noc-

---

(1) Niobé, fière de sa nombreuse famille, osa se préférer à Latone, qui n'avait que deux enfants : Apollon et Diane. Ceux-ci, pour venger leur mère des dédains de Niobé, firent périr à coups de flèches tous ses enfants. Niobé, accourue sur le théâtre du carnage, devint immobile de douleur et se changea en rocher.

turnes de Canidie et de Sagane (1). Assurément, il y avait de quoi.

Le Grec Démosthène et le Latin Cicéron ont-ils imaginé un pareil *début ?* Ils tenaient pour vicieux tout exorde étranger au sujet. C'est une règle que les porchers même observent, sans autre maître que la nature. Mais ces savants regardent leur préambule (c'est le mot qu'ils emploient) comme un chef-d'œuvre d'éloquence lorsqu'il n'a pas le moindre rapport avec le sujet, afin que l'auditeur émerveillé se demande tout bas : *Où court-il donc, celui-là ?*

En troisième lieu, sous forme de narration, ils expliquent quelques mots de l'Evangile, mais à la hâte et comme en passant, quand tout leur sermon devrait rouler là-dessus. En quatrième lieu, ils changent de masque et agitent une question théologale, qui le plus souvent *n'a trait ni au ciel ni à la terre.* C'est, suivant eux, une des règles de l'art. C'est pour le coup qu'ils déploient toute la morgue théologique et qu'ils font ronfler aux oreilles les titres pompeux de docteurs solennels, docteurs subtils, docteurs subtilissimes, docteurs

---

(1) Horace, *Satires*, I, 8, 46.

séraphiques, docteurs chérubiques, docteurs saints, docteurs irréfragables. C'est alors qu'ils jettent à la tête du vulgaire ignorant les syllogismes, les majeures, les mineures, les conclusions, les corollaires, les suppositions, toutes les platitudes et les niaiseries scolastiques. Reste le cinquième acte, où il faut atteindre au comble de l'art. Là, ils se mettent à nous raconter une fable absurde et triviale, tirée du *Miroir historique* ou des *Gestes des Romains*, et ils en expliquent le sens allégorique, tropologique et analogique. Voilà comment ils achèvent leur Chimère, dont n'approche pas celle qu'Horace a voulu dépeindre quand il écrivait : *Humano capiti*, etc.

Ils ont ouï dire je ne sais par qui que l'exorde doit être débité posément et sans éclat de voix : aussi commencent-ils d'un ton si bas qu'ils ne s'entendent pas eux-mêmes : comme si c'était la peine de parler pour n'être pas entendu ! On leur a dit que pour remuer les cœurs il fallait quelquefois recourir aux exclamations ; en conséquence, ils passent brusquement d'un ton simple à des cris de possédés, et cela sans le moindre sujet. Vous seriez tenté de leur administrer une dose d'ellébore, car de crier pour les avertir serait peine perdue. Ensuite, comme ils ont appris que l'orateur doit s'échauffer par degrés, après avoir récité tant bien que mal le commencement de chaque partie, ils se mettent à hurler de toute la force de leurs poumons, même à l'endroit le plus glacial ; puis ils finissent d'une voix mourante, comme s'ils allaient rendre l'âme. Enfin, sachant que les rhéteurs recommandent le rire, ils y visent et sèment des plaisanteries, *ô bonne Vénus !* si pleines de goût et d'à-propos, qu'on dirait absolument *l'âne devant la lyre*. Ils mordent quelquefois, mais de telle sorte qu'ils chatouillent plus qu'ils ne blessent, et ils ne flattent jamais mieux les gens que lorsqu'ils veulent leur *dire leurs vé-*

rités. En somme, à les voir déclamer, on jurerait qu'ils ont pris pour maîtres les bateleurs de la foire, qui leur sont infiniment supérieurs. Du reste, ils se ressemblent si fort qu'on serait embarrassé de dire si ce sont eux qui ont appris leur rhétorique aux charlatans, ou si ce sont les charlatans qui leur ont appris la leur. Néanmoins, grâce à moi, ils trouvent des gens qui s'imaginent entendre en eux des Démosthènes et des Cicérons. De ce nombre sont surtout les marchands et les femmes, auxquelles ils cherchent uniquement à plaire. Les uns, à la condition d'être flattés, leur accordent quelques miettes de leurs biens mal acquis ; les autres les aiment pour plusieurs raisons, mais surtout parce qu'elles épanchent dans leur sein toute leur mauvaise humeur contre leurs maris.

Vous comprenez sans doute combien m'est redevable cette espèce d'hommes qui, par leurs momeries, leurs niaiseries et leurs cris, exercent sur le monde une sorte de despotisme, et se croient des Pauls et des Antoines. Mais je suis bien aise de laisser là ces histrions, qui montrent autant d'ingratitude en dissimulant mes bienfaits que d'hypocrisie en simulant la piété.

J'ai depuis longtemps envie de vous dire quelques mots des rois et des princes qui me rendent un culte loyal et sincère, comme il convient à des hommes libres. En vérité, s'ils avaient seulement une demi-once de bon sens, qu'y aurait-il de plus triste et de moins enviable que leur sort! Nul ne voudrait acheter un trône au prix du parjure ou du parricide, si l'on songeait à l'énorme fardeau que s'impose celui qui veut régner véritablement.

Un chef d'Etat doit travailler non pour lui, mais pour ses sujets, et ne consulter que l'intérêt public; ne pas s'écarter de la largeur du doigt des lois dont il est lui-même l'auteur et l'exécuteur; répondre de l'intégrité des magistrats et de tous les gens en place; songer qu'il est exposé à tous les regards, et qu'il peut, comme un astre bienfaisant, faire le bonheur du genre humain par ses vertus, ou, comme une comète sinistre, causer les plus grands malheurs. Les vices des autres sont moins connus et ont moins d'écho; un prince commet-il le plus léger écart, à l'instant même, grâce à son rang, la contagion devient générale. En outre, comme un prince rencontre dans sa position mille obstacles qui contribuent à l'égarer, tels que les plaisirs, l'indépendance, la flatterie, le luxe, il doit redoubler d'efforts et bien se tenir en garde pour ne jamais manquer à ses devoirs. Enfin, sans parler des embûches, des haines, des dangers et des craintes de toutes sortes, il a au-dessus de sa tête le vrai roi, qui lui demandera bientôt compte de la moindre faute, et cela avec d'autant plus de sévérité qu'il aurait gouverné un empire plus puissant.

Si un prince faisait ces réflexions et d'autres semblables (et il les ferait s'il était sage), il ne pourrait, ce me semble, ni dormir ni manger tranquillement. Mais, grâce à moi, ils abandonnent aux dieux tous ces soins, mènent vie joyeuse, et ne prêtent l'oreille qu'à ceux qui leur tiennent des discours agréables, afin d'éviter toute espèce de souci. Ils croient parfaitement remplir tous les devoirs d'un prince en chassant du matin au soir, en élevant de beaux chevaux, en vendant à leur profit les magistratures et les préfectures, en inventant tous les jours de nouveaux moyens de tarir la fortune des citoyens pour la faire passer dans leur cassette. Ils imaginent alors des prétextes adroits qui donnent aux mesures les plus iniques un semblant d'équité, et ils ont soin d'ajouter quelques paroles flatteuses pour acquérir de la popularité.

Figurez-vous maintenant un homme, comme sont la plupart des princes, ignorant les lois, presque ennemi du bien public, ne consultant que ses avantages personnels, tout entier aux plaisirs, haïssant le savoir, haïssant la liberté et la vérité, ne songeant à rien moins qu'au bonheur de l'Etat, et n'ayant d'autre règle que son caprice et son intérêt. Donnez-lui un collier d'or, indiquant l'accord de toutes les vertus réunies; une couronne enrichie de diamants, lui rappelant qu'il doit briller parmi les autres par l'éclat des vertus les plus rares; un sceptre, symbole de la justice et de l'impartialité; enfin la pourpre, em-

blème d'un cœur tout dévoué aux intérêts de l'Etat. Un prince qui comparerait ces insignes avec sa conduite rougirait, j'en suis sûre, de ses ornements, et craindrait qu'un interprète malin ne tournât en dérision tous ces oripeaux de théâtre.

Que dirai-je des courtisans? Il n'y a rien de plus rampant, de plus servile, de plus sot, de plus bas, que la plupart d'entre eux, et néanmoins ils veulent paraître les premiers de la terre. Sur un point seulement ils font preuve d'une

grande modestie : contents d'étaler sur leurs personnes l'or, les pierreries, la pourpre, emblèmes des vertus et de la sagesse, ils laissent à d'autres le soin de mettre ces vertus en pratique. Leur plus grand bonheur est de pouvoir appeler le roi leur maître, d'avoir appris trois mots de salutation, de faire sonner de temps en temps les titres honorifiques de Sérénité, de Souveraineté, de Magnificence ; de bien se farder le visage, de flatter agréablement. Voilà les talents qui caractérisent le vrai noble et l'homme de Cour. Mais, si vous examinez de près leur manière de vivre, vous ne verrez en eux que *de vrais Phéaciens, des amants de Pénélope.* Vous connaissez la suite du vers (1); Echo vous le redira mieux que moi.

Ils dorment jusqu'à midi. Un chapelain mercenaire, debout à leur chevet, leur expédie lestement une messe qu'ils entendent presque couchés. Ils déjeunent; le déjeuner à peine terminé, le dîner les appelle. Après le dîner, les dés, les échecs, le loto, les pitres, les femmes galantes, les divertissements, les fades plaisanteries. Pendant ce temps on fait une ou deux collations. Puis vient le souper, suivi de nouveaux festins. C'est ainsi que s'écoulent, à l'abri de tout ennui, les heures, les jours, les mois, les années et les siècles. Pour moi, j'ai le cœur soulevé de dégoût quand je vois ces *êtres fastueux*, ces nymphes qui se croient presque des divinités parce qu'elles traînent une longue queue, ces gros personnages qui jouent des coudes pour paraître plus près de Jupiter, tous d'autant plus fiers qu'ils portent au cou une plus lourde chaîne qui témoigne autant de leur force que de leur opulence.

(1) Le vers d'Horace auquel il est fait allusion commence ainsi :

Sponsi Penelopes, nebulones.
Amants de Pénélope, vauriens.

Les souverains pontifes, les cardinaux et les évêques imitent depuis longtemps avec succès et surpassent presque la conduite des princes. Si pourtant l'un d'eux songeait que son rochet d'une blancheur éclatante est l'emblème d'une vie sans tache ; que sa mitre à deux pointes reliées par un

même nœud indique la connaissance approfondie de l'Ancien et du Nouveau Testament ; que ses ants l'avertissent qu'il doit administrer les sacrements avec des mains pures et non souillées du contact des choses humaines ; que sa crosse lui recommande la plus grande vigilance pour le troupeau qui lui est confié ; que la croix qu'il porte sur sa poitrine annonce la victoire de toutes les passions humaines ; si l'un d'eux, dis-je, venait à faire ces réflexions et bien d'autres du même genre, ne vivrait-il pas dans la tristesse et l'anxiété ? Mais aujourd'hui ils ont le bon esprit de se repaître eux-mêmes ; quant à leurs ouailles, ils en confient la garde au Christ, ou ils s'en déchargent sur ceux qu'ils nomment leurs frères et sur leurs vicaires. Ils oublient que leur titre d'évêque signifie travail, vigilance, sollicitude. Mais, pour attraper de l'argent, ce sont d'excellents évêques (1) ; *ils n'ont pas la berlue.*

Si, à leur tour, les cardinaux songeaient qu'ils sont les successeurs des apôtres, et qu'on exige d'eux la même conduite ; qu'ils ne sont pas les maîtres, mais les administrateurs des biens spirituels, dont ils auront bientôt à rendre un compte sévère ; s'ils raisonnaient un peu sur leur costume

---

(1) Evêque vient d'un mot grec qui veut dire surveillant.

et qu'ils se disent : « Ce rochet blanc n'est-il pas l'emblème de la pureté des mœurs? Cette soutane de pourpre n'est-elle pas le symbole de l'ardent amour de Dieu? Ce manteau aux vastes plis, qui embrasse complètement la mule du Révérendissime, et qui pourrait encore couvrir un chameau, ne signifie-t-il pas la charité sans bornes qui doit parer à tout, c'est-à-dire enseigner, exhorter, réprimander, avertir, terminer les guerres, résister aux mauvais princes, et sacrifier sans regret non seulement ses richesses, mais son sang, pour le troupeau du Christ? D'ailleurs, a-t-on besoin de richesses quand on représente les apôtres, qui vivaient dans la pauvreté ? » Si les cardinaux faisaient ces réflexions, loin d'ambitionner cet honneur, ils s'en démettraient volontiers, ou bien ils mèneraient une vie laborieuse et militante, comme ont fait jadis les apôtres.

Si les souverains pontifes, qui tiennent la place du Christ, s'efforçaient d'imiter sa vie, c'est-à-dire sa pauvreté, ses travaux, sa doctrine, sa croix, son mépris du monde ; s'ils songeaient à leur nom de pape, qui veut dire père, et à leur surnom de très-saint, qu'y aurait-il de plus malheureux sur la terre? Qui voudrait acheter cet honneur aux dépens de toute sa fortune, et, après l'avoir acheté, le conserver par le glaive, par le poison, par toutes sortes de violences ? Si une fois la sagesse...

que dis-je, la sagesse! si un seul grain de ce sel dont parle le Christ s'emparait d'eux, quels avantages ne perdraient-ils pas? Tant de richesses, d'honneurs, de puissance, de triomphes, de bénéfices, de dispenses, d'impôts, d'indulgences, de chevaux, de mulets, de gardes, tant de plaisirs : vous voyez quel trafic, quelle moisson, quel océan de biens j'ai embrassé en peu de mots. Il faudrait remplacer tout cela par les veilles, les jeûnes, les larmes, la prière, la prédication, l'étude, la pénitence et mille autres exercices de ce genre. Remarquez en outre que tant d'écrivains, de copistes, de notaires, d'avocats, de promoteurs, de secrétaires, de muletiers, d'écuyers, de receveurs, d'entremetteurs (j'allais me servir d'un terme un peu plus leste, mais je crains de blesser les oreilles), enfin que toute cette multitude d'hommes, onéreuse..., je me trompe, je voulais dire honorable pour la cour de Rome, mourrait de faim. Ce serait un acte d'inhumanité abominable, et il serait encore plus horrible de ramener à la besace et au bâton les souverains de l'Eglise, *ces vraies lumières du monde.*

Aujourd'hui, généralement, s'il y a de la fatigue, ils la laissent à Pierre et à Paul, qui ont du temps de reste ; s'il y a des honneurs et des plaisirs, ils les gardent pour eux. C'est ainsi que, grâce à moi, il n'y a pas d'hommes qui mènent une vie plus douce et plus exempte de soucis. Ils croient avoir largement satisfait le Christ en jouant leur rôle d'évêques avec un appareil mystique et presque théâtral, par des cérémonies, en se qualifiant de Béatitude, de Révérence, de Sainteté, en distribuant des bénédictions et des malédictions.

Faire des miracles est un usage antique, tombé en désuétude et qui n'est plus de mode ; enseigner le peuple est pénible ; expliquer les saintes Ecritures est l'affaire des pédants ; prier, c'est perdre son temps ; verser des larmes est bon pour les malheureux et pour les femmes ; être pauvre est méprisable ; être vaincu est honteux et indigne de celui qui admet à peine les plus grands rois à baiser ses bienheureux pieds ; mourir est affreux ; être crucifié est infamant. Il ne leur reste que leurs armes et ces douces bénédictions dont parle Paul, et qu'ils prodiguent avec tant de libéralité. Leurs armes sont les interdits, les suspenses, les aggraves, les réaggraves (1), les anathèmes, les

---

(1) L'aggrave et le réaggrave étaient des censures ecclé-

effigies, et cette foudre terrible qu'ils n'ont qu'à agiter pour précipiter les âmes des mortels au fin fond de l'enfer. Cette dernière arme, les très saints pères en Jésus-Christ, les vicaires du Christ, l'emploient surtout contre ceux qui, à l'instigation du diable, essayent d'écorner ou de rogner le patrimoine de Pierre. Bien que cet apôtre ait dit dans l'Evangile : *Nous avons tout laissé pour vous suivre*, ils lui érigent en patrimoine des terres,

siastiques qui précédaient l'excommunication. On les prononçait dans l'église avec un appareil de cérémonies terribles et lugubres.

des villes, des tributs, des douanes, un empire. Jaloux d'imiter le Christ, ils combattent pour tout cela par le fer et par le feu, en répandant à flots le sang chrétien, et ils croient avoir défendu en apôtres l'Eglise, épouse du Christ, lorsqu'ils ont taillé en pièces ceux qu'ils nomment ses ennemis. Comme si les plus dangereux ennemis de l'Eglise n'étaient pas les pontifes impies qui font oublier le Christ par leur silence, qui l'enchaînent par des lois vénales, qui le dénaturent par des interprétations forcées, et qui le crucifient par leur conduite scandaleuse !

Parce que l'Eglise chrétienne a été fondée dans le sang, cimentée avec le sang et agrandie par le sang, ils gouvernent par le fer, comme si le Christ n'était pas là pour défendre les siens comme il l'entend. La guerre est une chose si cruelle qu'elle convient aux bêtes féroces, et non à l'homme ; si insensée que les poètes la représentent comme une inspiration des Furies, si funeste qu'elle entraîne avec elle la ruine complète des mœurs, si injuste que les brigands les plus scélérats sont ceux qui la font le mieux, si impie qu'elle n'a aucun rapport avec le Christ ; et pourtant les papes négligent tout pour en faire leur unique occupation. On voit parmi eux des vieillards décrépits (1) montrer une ardeur juvénile, semer l'argent, braver la fatigue, ne reculer devant rien afin de pouvoir mettre sens dessus dessous les lois, la religion, la paix, l'humanité tout entière. Et il ne manque pas de savants flatteurs qui qualifient cette frénésie manifeste de zèle, de piété, de courage, imaginant de prouver que l'on peut tirer un fer meurtrier et le plonger dans les entrailles de son frère tout en gardant la charité parfaite que, suivant le précepte du Christ, un chrétien doit à son prochain.

Je ne saurais dire si cet exemple a été donné ou imité par certains évêques d'Allemagne qui, renonçant tout bonnement au culte, aux bénédictions et autres cérémonies, vivent en vrais satrapes et considèrent comme une lâcheté, indigne d'un évêque, de rendre à Dieu leur âme vaillante ailleurs que sur un champ de bataille. Le commun des prêtres, se faisant un crime de dégénérer de la sainteté de leurs prélats, combattent, pleins d'une humeur belliqueuse, pour la défense de leurs dîmes, avec des épées, des javelots, des pierres, et

(1) Jules II.

toutes sortes d'armes. Comme ils sont habiles à déterrer dans de vieux parchemins un texte à l'aide duquel ils intimident les bonnes gens et leur persuadent qu'ils doivent plus que la dîme! Quant à leurs devoirs envers le peuple, qui se lisent partout, ils ne s'en préoccupent nullement. Leur tonsure ne les avertit pas que le prêtre doit être affranchi de toutes les passions de ce monde et ne songer qu'aux choses du ciel. Ces plaisants personnages prétendent s'être acquittés parfaitement de leurs devoirs en marmottant tant bien que mal leurs oraisons. Je me demande, en vérité, si Dieu les entend et les comprend, puisqu'eux-mêmes pour la plupart ne les entendent ni ne les comprennent, même lorsqu'en les chantant ils braillent à tue-tête.

Au reste, il en est des prêtres comme des profanes : tous sont âpres à la curée, et sur ce chapitre ils connaissent parfaitement leurs droits. Quant aux charges, ils les rejettent prudemment sur les épaules d'autrui, et se renvoient la balle les uns aux autres. De même que les princes laïques délèguent les diverses parties du gouvernement à leurs ministres, qui les délèguent à leurs commis, les prêtres, par modestie, laissent au peuple tous les exercices de piété. Le peuple les rejette sur ceux que l'on nomme *ecclésiastiques*, comme s'il n'avait absolument rien de commun avec l'Eglise, et que les vœux du baptême fussent insignifiants. A leur tour, les prêtres qui se disent séculiers, comme s'ils appartenaient au monde, et non au Christ, s'en déchargent sur les réguliers;

les réguliers, sur les moines; les moines relâchés, sur les moines réformés; tous à la fois, sur les mendiants; les mendiants, sur les chartreux, chez qui seuls la piété se cache, et se cache si bien qu'on ne la voit presque nulle part. De même les pontifes, si diligents pour moissonner des écus, renvoient les travaux trop apostoliques aux évêques; les évêques, aux curés; les curés, aux vicaires; les vicaires, aux frères mendiants qui, à leur tour, s'en remettent aux tondeurs de brebis.

Mais il n'entre pas dans mon plan de scruter la vie des pontifes et des prêtres. J'aurais l'air de faire une satire plutôt qu'un éloge, et l'on pourrait croire que je critique les bons princes en louant les mauvais. Le peu que j'ai dit tend à faire voir que pas un mortel ne peut vivre agréablement s'il n'est initié à mes mystères et si je ne lui accorde ma protection.

Pourrait-il en être autrement, puisque la déesse de Rhamnonte (1), qui sème le bonheur parmi les humains, partage si bien mes sentiments qu'elle a toujours été l'ennemie implacable des sages, et

(1) La Fortune, ainsi nommée d'un bourg de l'Attique où elle avait un temple.

qu'elle procure tous les avantages aux fous, même lorsqu'ils sont endormis? Vous connaissez Timothée, l'origine de son surnom et ce proverbe qu'on lui applique : *Il remplit ses filets en dormant* (1). Vous savez aussi ce dicton : *Le hibou vole* (2). On

(1) Timothée, général athénien, fut surnommé *l'Heureux ;* ses ennemis le représentèrent endormi pendant qu'à ses côtés la Fortune prenait des villes au filet.

(2) Les Athéniens voyaient dans le vol du hibou le symbole de la victoire.

dit au contraire des sages : *Il est né sous la quatrième lune* (1); — *Il monte le cheval de Séius* (2); — *Son or est de Toulouse* (3). Mais voilà assez de

(1) Hercule naquit sous la quatrième lune. On lui compare ceux dont la vie se consume en efforts prodigieux sans profit pour eux-mêmes.

(2) Aulu-Gelle, dans ses *Nuits attiques*, III, 9, donne une explication très détaillée de ce proverbe, et raconte comment tous ceux qui montèrent le cheval de Séius eurent une fin tragique.

(3) Aulu-Gelle, dans le passage cité, dit encore : *Le consul Q. Cépion ayant pillé dans les Gaules la ville de Tou-*

proverbes : j'ai peur qu'on ne m'accuse de piller le recueil de mon ami Érasme (1). Je reprends donc ma thèse.

La Fortune aime les gens peu sensés ; elle aime les audacieux et ceux qui ne craignent pas de dire : *Le sort en est jeté.* La sagesse, au contraire, rend timide. Aussi voyons-nous les sages aux prises avec la pauvreté, la faim, la misère, vivre dans l'oubli, l'obscurité, la haine, tandis que les fous regorgent d'écus, participent au gouvernement

louse, dont les temples regorgeaient d'or, tous ceux qui touchèrent à l'or provenant de ce pillage périrent d'une façon misérable et cruelle.

(1) En regard de ce dessin, on lit sur l'exemplaire de Bâle : *Quand Érasme fut arrivé à cet endroit il s'écria en voyant son portrait :* OH ! OH ! SI ÉRASME ÉTAIT ENCORE TEL QU'IL EST LA, A COUP SUR IL PRENDRAIT FEMME. Il a tracé de sa main le mot *Adagia* pour indiquer celui de ses ouvrages qu'il aimait le plus. « Figurez-vous, dit M. Nisard, tous les proverbes de la sagesse antique, tous les livres grecs, latins, hébreux, expliqués, commentés par Érasme avec un mélange piquant de ses propres pensées, de ses expériences, de ses jugements, de tout ce qu'il y avait de sagesse pratique dans son époque. Ce fut un livre décisif pour l'avenir des littératures modernes. Ce fut la première révélation de ce double fait que l'esprit humain est un, l'homme moderne fils de l'homme ancien et que les littératures ne sont que le dépôt de la raison humaine. » (*Renaissance et Réforme*, tome I, p. 189.)

de l'Etat, en un mot jouissent de tous les avantages. Si vous faites consister le bonheur *à deve-*

nir le favori des grands (1) et à hanter ces dieux couverts de pierreries, mes fidèles, à quoi vous servira la sagesse, la chose du monde qu'ils détestent le plus? Si vous aspirez à la fortune, quel gain peut attendre le marchand qui s'alarmera d'un parjure, rougira de dire un mensonge et par-

(1) Horace, *Épitres*, I, 17, v. 36.

tagera tant soit peu les scrupules fâcheux des sages sur le vol et l'usure? Si vous ambitionnez les honneurs et les richesses de l'Eglise, un âne ou un bœuf y parviendra plus vite qu'un sage. Si vous aimez le plaisir, les belles, qui en sont l'âme, se donnent de tout cœur aux fous; elles ont horreur du sage et le fuient comme un scorpion. Enfin, quiconque veut vivre avec un peu d'agrément et de gaieté commence par exclure le sage, et admet de préférence tout autre animal. En un mot, adressez-vous à n'importe qui, papes, princes, juges, magistrats, amis, ennemis, grands, petits, vous ne réussirez que par les écus : or, comme le sage les méprise, tout le monde lui tourne le dos.

Bien que mon éloge soit un sujet inépuisable, il faut pourtant que ce discours ait une fin. Je vais donc terminer, mais auparavant je veux montrer en peu de mots que plus d'un grand écrivain m'a célébrée dans ses ouvrages et dans ses actes. On ne dira point que je suis la seule à m'applaudir follement, et les légistes ne m'accuseront pas de ne rien citer. A leur exemple, je produirai des citations *qui n'auront aucun rapport avec le sujet.*

194 ÉLOGE DE LA FOLIE

Premièrement, tout le monde sait, grâce à un proverbe très connu, que : *A défaut de la chose, il est bon d'en avoir l'apparence.* C'est pourquoi l'on a raison d'apprendre de bonne heure aux enfants cette maxime : *Feindre la folie à propos est le comble de la sagesse* (1). Jugez vous-même combien la folie est un grand bien puisque son image trom-

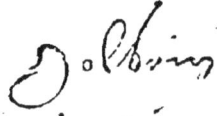

(1) Caton, *Distiques moraux*, 11, 17.

peuse, sa seule imitation est en si haute estime auprès des savants! Horace, ce gras et brillant pourceau du troupeau d'Epicure (1), s'exprime avec encore plus de franchise; il recommande *de mêler la folie à la sagesse* (2); il est vrai qu'il a le tort d'ajouter *un peu* de folie. Il dit ailleurs: *Il est doux d'extravaguer à propos* (3). Dans un autre endroit, il aime mieux *passer pour un fou insipide que de se torturer pour avoir un bon sens* (4). Dans Homère, Télémaque, à qui le poète prodigue toutes sortes d'éloges, est surnommé de temps en temps *follet*, et les tragiques appliquent volontiers cette épithète de bon augure aux enfants et aux jeunes gens. Le poème divin de l'*Iliade* n'est autre chose que le tableau des passions qu'inspire la folie des peuples et des rois. En outre, quel plus bel éloge que ce mot de Cicéron : *La terre est pleine de fous?* Tout le monde sait en effet que le plus grand bien est celui qui se répand sur le plus grand nombre.

---

(1) *Ce gras et brillant pourceau du troupeau d'Épicure*, est baptisé Holbein de la main d'Erasme.
(2) *Odes*, IV, 12, 27.
(3) *Ibid.*, 28.
(4) *Épîtres*, II, 2, 127-129.

Mais de telles autorités seront peut-être sans poids aux yeux des chrétiens ; j'invoquerai donc, si vous le voulez, le témoignage des saintes Ecritures, afin d'étayer, ou, comme disent les savants, de fonder sur elles mes louanges. Je demanderai d'abord pardon aux théologiens de prendre cette liberté. Puis, comme j'entreprends une tâche difficile, et qu'il serait peut-être mauvais de faire faire tant de chemin aux Muses en les rappelant une seconde fois de l'Hélicon pour un sujet qui leur est complètement étranger, je pense qu'il vaut mieux, alors que vais je faire le théologien et

marcher à travers ces épines, souhaiter que l'âme de Scot (1), plus épineuse qu'un porc-épic et qu'un hérisson, quitte un instant sa Sorbonne pour passer dans ma tête, et qu'elle retourne ensuite où elle voudra, fût-ce *au diable*. Que ne puis-je changer de visage et m'affubler du costume de théologien ! Mais je crains que l'on ne m'accuse de plagiat, et que l'on ne s'imagine que j'ai pillé les manuscrits de *nos Maîtres*, en voyant tout ce que je sais de théologie. Il n'est pourtant pas étonnant que, vivant depuis si longtemps en commerce intime avec les théologiens, j'aie attrapé quelques bribes de leur science. Priape, ce dieu en bois de figuier, n'a-t-il pas saisi et retenu quelques mots grecs pendant que son maître lisait ? Et le coq de Lucien, à force de fréquenter les hommes, n'arriva-t-il pas à s'exprimer aussi bien qu'eux ? Commençons donc sous d'heureux auspices.

(1) Sur l'exemplaire de Bâle, Erasme a donné en ces termes l'explication de ce dessin : *L'âme de Scot rend par bas de sots arguments.* Jean Duns Scot, célèbre philosophe et théologien, de l'Ordre des frères mineurs, fut surnommé le *Docteur Subtil.* L'Irlande, l'Ecosse et l'Angleterre le revendiquent ; on ignore même la date de sa naissance ; il mourut à Cologne en 1308.

Il est écrit dans le premier chapitre de l'Ecclésiaste : *Le nombre des fous est infini.* Ce nombre infini ne semble-t-il pas désigner la totalité des hommes, à l'exception d'un très petit nombre que personne ne saurait remarquer? Mais Jérémie est encore plus explicite, lorsqu'il dit au chapitre dixième : *Tout homme est devenu fou par sa propre sagesse.* Il n'attribue la sagesse qu'à Dieu, et laisse la folie à tous les hommes. Il avait dit un peu plus haut : *Que l'homme ne se glorifie pas de sa sagesse.* Pourquoi défends-tu à l'homme de se glorifier de sa sagesse, excellent Jérémie ? Par la raison toute simple, répondra-t-il, qu'il n'a pas de sagesse. Je reviens à l'Ecclésiaste. Quand il

s'écrie : *Vanité des vanités, tout n'est que vanité!* qu'entend-il, sinon que la vie humaine, comme je l'ai dit, n'est autre chose qu'un jeu de la folie ? Il confirme pleinement les éloges de Cicéron, dont on vante le mot que j'ai rapporté : *La terre est pleine de fous.* Ces sages paroles de l'Ecclésiastique : *Le fou est changeant comme la lune; le sage est stable comme le soleil,* que signifient-elles, sinon que tout le genre humain est fou et que le nom de sage n'appartient qu'à Dieu? Car la lune représente la nature humaine, et le soleil, source de toute lumière, est l'image de Dieu. Ajoutez à cela que le Christ, dans son Evangile, veut que l'on ne décerne le titre de bon qu'à Dieu seul. Or, si, d'après le témoignage des stoïciens, quiconque n'est pas sage est fou, et si le bon et le sage ne font qu'un, il s'ensuit nécessairement que la folie est le lot de tous les humains.

Salomon dit, au chapitre quinzième : *La folie fait la joie du fou,* indiquant clairement que sans la folie la vie est insipide. Il développe la même pensée dans le passage suivant : *Plus on a de science, plus on a de peine, et une grande sagesse est accompagnée d'une grande indignation.* Cet éminent prédicateur ne proclame-t-il pas la même

chose au chapitre septième : *La tristesse réside dans le cœur des sages, et la joie dans celui des fous?* C'est pourquoi il ne s'est pas contenté d'apprendre la sagesse, il a voulu aussi me connaître. Si vous ne m'en croyez pas écoutez ses propres paroles, au chapitre premier : *Je me suis appliqué à connaître la sagesse et la science, les erreurs et la folie.* Remarquez bien que dans ce passage il rend honneur à la folie en la plaçant en dernier lieu. L'Ecclésiaste a dit, et vous savez que c'est l'usage dans les cérémonies de l'Eglise, que le premier en dignité doit occuper le dernier rang; sous ce rapport, il observe fidèlement le précepte de l'Evangile.

Quant à la supériorité de la folie sur la sagesse, l'auteur de l'Ecclésiastique, quel qu'il soit, l'atteste nettement au chapitre quarante-quatrième. Mais, avant de citer ses paroles, je veux que vous facilitiez mon *induction* par une réponse accommodante, comme font dans Platon ceux qui disputent avec Socrate. Lequel vaut-il mieux cacher, d'un objet rare et précieux, ou d'un objet commun et sans valeur? Vous vous taisez? Eh bien! vous avez beau garder le silence, ce proverbe des Grecs : *La cruche à la porte,* répond pour vous, et ne soyez pas assez impies pour le rejeter, car c'est Aristote, le dieu de *nos Maîtres,* qui le cite. Y a-t-il parmi vous quelqu'un d'assez fou pour laisser dans la rue ses bijoux et son or? Non, je ne le crois pas. Vous les serrez au fond de vos demeures, dans les coins les plus secrets d'un bon coffre-fort, et vous laissez vos ordures sur la voie publique. Donc, puisque l'on cache les objets qui ont du prix et que l'on expose ceux qui n'en ont pas, n'est-il pas évident que la sagesse, que l'on défend de cacher, vaut moins que la folie, que l'on recommande de soustraire aux regards? Voici maintenant les propres termes du témoignage que j'invoque : *L'homme qui cache sa folie vaut mieux que celui qui cache sa sagesse.*

De plus, les saintes Ecritures accordent au fou une âme candide, tandis que le sage se croit sans pareil. C'est ainsi que j'explique ce passage du dixième chapitre de l'Ecclésiaste : *Le fou qui marche dans sa voie, étant insensé lui-même, croit que tous les autres le sont comme lui.* N'est-ce pas le comble de la candeur de comparer tout le monde à soi, et, quand chacun est infatué de sa personne, d'attribuer à tous ses qualités? Salomon, tout grand roi qu'il était, n'a pas rougi d'un pareil surnom, lorsqu'il a dit au chapitre trentième : *Je suis le plus fou des hommes.* Et Paul, ce docteur des Gentils, écrivant aux Corinthiens, accepte volontiers le titre de fou : *Je parle en fou, car je le suis plus que personne,* comme s'il y avait du déshonneur à être surpassé en folie.

Mais j'entends murmurer certains petits Grecs,

qui veulent crever les yeux des corneilles, c'est-à-dire de la plupart des théologiens de ce temps, en rédigeant des annotations où ils jettent de la poudre aux yeux du lecteur. L'Alpha de cette bande, ou du moins le Bêta (1), est mon cher Érasme, que je nomme souvent, parce que je l'estime. « Quelle absurde citation ! s'écrient-ils, et qu'elle est bien digne de la Folie ! La pensée de l'Apôtre ne ressemble en rien à tes rêveries. Il ne veut point donner à entendre qu'il est plus fou que les autres. Après avoir dit : *Ils sont ministres du Christ, et moi aussi,* non content de s'être égalé aux autres, il a ajouté, par correction : *Je le suis plus qu'eux,* sentant bien que non seulement il égalait les apôtres, mais qu'il leur était un peu supérieur. Et, afin que cette vérité trop hardie n'offensât pas les oreilles, il se couvre du manteau de la folie. *Je parle peu sagement,* ajoute-t-il, sachant que les fous ont seuls le privilège de dire la vérité sans blesser personne. »

Je leur laisse à débattre ce que Paul a voulu dire en écrivant cela. Pour moi, je m'en rapporte

---

(1) La première lettre de l'alphabet des Grecs se nomme *alpha ;* la seconde, *béta.*

A ces théologiens, grands, gros et gras, très goûtés du public, et avec lesquels la plupart de nos docteurs aiment cent fois mieux se tromper que d'être dans le vrai avec ces savants versés dans les trois langues. Ils ne font tous pas plus de cas de ces Grecs que des geais. Du reste, un glorieux

théologien (1), dont je supprime le nom à dessein, de peur que mes geais ne lui lancent aussitôt l'épigramme grecque : *L'âne devant la lyre*, a expliqué ce passage magistralement et théologale-

(1) Nicolas de Lyre, théologien de l'ordre des frères mineurs, né à Lyre, bourg de la Normandie, situé près d'Evreux.

ment. De cette phrase : *Je parle en fou, car je le suis plus que personne.* il fait un nouveau chapitre ; puis, ce qui suppose une profonde dialectique, il le coupe en deux. Voici quelle est son interprétation (je cite ses propres paroles dans la forme et dans le fond) : « *Je parle en fou,* c'est-à-dire, si vous me trouvez insensé de me comparer aux faux apôtres, je vous le paraîtrai bien davantage en me préférant à eux. » Puis il oublie le reste et passe à autre chose.

Mais pourquoi m'appuyer minutieusement sur l'exemple d'un seul ? Ne sait-on pas que les théologiens ont le droit d'étendre comme une peau le ciel, c'est-à-dire les saintes Écritures ? Dans saint Paul, les textes sacrés offrent des contradictions qui n'existent pas dans l'original. Si l'on en croit ce Jérôme qui possédait cinq langues, Paul, ayant vu par hasard à Athènes l'inscription d'un autel, la dénatura pour en tirer un argument en faveur de la foi chrétienne. Il retrancha tout ce qui pouvait nuire à sa cause, et ne garda que ces deux mots de la fin : *Au dieu inconnu ;* encore étaient-ils altérés, car l'inscription portait : *Aux dieux de l'Asie, de l'Europe et de l'Afrique, aux dieux inconnus et étrangers.* C'est sans doute à son exemple que *la race des théologiens* détache çà et là quatre ou cinq mots qu'elle dénature au besoin pour s'en faire une arme, bien que ce qui suit et ce qui précède n'ait aucun rapport avec le sujet, ou même le contredise. Elle le fait avec une si heureuse impudence que les jurisconsultes sont souvent jaloux des théologiens.

Que ne peuvent-ils pas oser lorsqu'on voit ce grand (1)... (son nom a failli m'échapper, mais je crains de nouveau le proverbe grec) tirer des paroles de saint Luc un sens qui s'accorde avec la pensée du Christ comme le feu avec l'eau ? A l'approche d'un de ces grands dangers où les clients accourent en foule auprès de leurs patrons et se disposent *à combattre avec eux* de toutes leurs forces, le Christ voulut détruire dans l'esprit de ses disciples la confiance qu'ils avaient dans cette sorte de défense. Il leur demanda s'ils avaient jamais manqué de rien depuis qu'il les avait envoyés en mission dans un dénûment complet, sans chaussures pour les garantir des ronces et des cailloux, sans une besace pour les préserver de la faim. Sur leur réponse que rien ne leur avait man-

(1) Nicolas de Lyre.

qué, il ajouta : *Maintenant, que celui qui a un sac ou une bourse s'en débarrasse, et que celui qui n'en a pas vende sa tunique pour acheter un glaive.* Comme toute la doctrine du Christ ne prêche que la douceur, la patience, le mépris de la vie, qui ne comprend le sens de ce passage ? Le Christ désarme tellement ses ambassadeurs qu'il leur recommande de se dépouiller non seulement de leur chaussure et de leur bourse, mais encore de leur tunique, afin qu'ils entrent dégagés de tout dans la carrière évangélique ; il ne leur laisse qu'un glaive, non pas celui dont s'arment les brigands et les parricides, mais le glaive spirituel, qui pénètre jusqu'au fond des cœurs et qui y tranche d'un seul coup toutes les passions pour n'y laisser fleurir que la piété.

Voyez, je vous prie, de quelle façon ce célèbre théologien torture ce passage. Par le glaive, il entend la défense contre la persécution ; par la besace, des précautions suffisantes contre le besoin : comme si le Christ, changeant d'avis en s'apercevant qu'il a envoyé ses ambassadeurs dans un équipage peu *royal*, rétractait ses précédentes instructions ; comme si, oubliant ce qu'il leur avait dit, « qu'ils gagneraient le ciel en endurant les affronts, les outrages et les supplices; qu'ils ne devaient jamais résister au mal; que la béatitude était le prix de la douceur, et non de la colère; qu'ils devaient prendre pour modèles le lis et le passereau »; comme si, oubliant tout cela, dis-je, il était maintenant si loin de vouloir qu'ils partissent sans un glaive qu'il leur commandait de vendre leur tunique pour en acheter un, et qu'il aimait mieux qu'ils allassent tout nus que sans l'épée au côté. De même que notre docteur comprend sous le nom de *glaive* tous les moyens de repousser la violence, il entend par le mot *bourse* tout ce qui se rattache aux besoins de la vie. Ainsi cet interprète de la pensée divine envoie les apôtres armés de lances, de balistes, de frondes et de bombardes, pour prêcher un Dieu crucifié. En même temps il les charge de valises, de sacs et de bagages, sans doute afin qu'ils ne puissent pas quitter l'hôtellerie le ventre creux. Notre homme ne songe pas que le Christ, qui avait tant recommandé l'achat d'un glaive, ordonne ailleurs de le remettre dans le fourreau, en en blâmant l'usage, et qu'on n'a jamais ouï dire que les apôtres se soient servis de glaives et de boucliers contre les violences des païens, ce qu'ils n'auraient pas

manqué de faire si le Christ avait eu les intentions qu'il lui prête.

Un autre, qui n'est pas sans réputation et dont je tais le nom par respect, a pris la peau de Barthélemy, qui fut écorché vif, pour les tentes dont parle Habacuc : *Les peaux de la terre de Madian seront en confusion.*

J'assistai l'autre jour à une thèse de théologie, comme cela m'arrive souvent. Quelqu'un demanda quel était donc le décret des saintes Écritures qui ordonnait de punir les hérétiques par le feu, au

lieu de les convaincre par la discussion. Un vieillard à la mine sévère, et dont la morgue annonçait bien un théologien, répondit avec véhémence que l'apôtre Paul avait dicté cette loi en disant : *Évitez* (« devita ») *l'hérétique après un ou deux avertissements*. Il répéta plusieurs fois ces paroles d'une voix tonnante, au point qu'on se demandait s'il n'avait point perdu la tête, et finit par expliquer que l'hérétique devait être retranché du nombre des vivants (*de vita*). Quelques-uns se mirent à rire ; d'autres trouvèrent cette invention tout à fait théologique. Mais comme plusieurs se récriaient, survint *un avocat de Ténédos*, comme l'on dit, un docteur irréfragable. « Ecoutez-moi, dit-il, il est écrit : *Ne laissez pas vivre le malfaisant*. Or tout hérétique est malfaisant : donc, etc. » Tous les assistants furent frappés du génie de cet homme, et son raisonnement obtint les suffrages de ces rustres. Il ne vint à l'esprit de personne que cette loi regardait les sorciers, les enchanteurs et les magiciens, que les Hébreux désignent sous le nom de *malfaisants*. Autrement la fornication et l'ivresse entraîneraient aussi la peine capitale.

Mais je suis folle de relever ces absurdités, si

innombrables que tous les volumes de Chrysippe et de Didyme ne suffiraient pas à les contenir. Je voulais seulement vous faire remarquer que, puisque ces maîtres divins ont pris de telles libertés, moi, qui ne suis qu'*un théologien de paille*, j'ai droit à l'indulgence si toutes mes citations ne sont pas rigoureusement exactes. Je reviens enfin à Paul. *Vous supportez volontiers les fous*, dit-il en parlant de lui-même. Il ajoute : *Acceptez-moi comme fou*. Ensuite : *Je ne parle pas selon Dieu, mais comme dans un accès de folie*. Il dit encore : *Nous sommes fous pour le Christ*. Quel pompeux éloge de la folie ! et par quelle bouche ! Il va plus loin, il recommande hautement la folie comme une chose très nécessaire et de la plus grande utilité : *Que celui d'entre vous qui se croit sage devienne fou pour être sage*. Et, dans Luc, Jésus appelle fous les deux disciples qu'il rencontra sur la route d'Emmaüs. Faut-il donc s'étonner si ce divin Paul attribue à Dieu lui-même un grain de folie? *La folie de Dieu*, dit-il, *vaut mieux que la sagesse des hommes* (1). Il est vrai qu'Origène, dans son commentaire, ne veut pas que l'on prenne

---

(1) *Aux Corinthiens*, I, I, 25.

cette folie au pied de la lettre, non plus que dans cette phrase : *Le mystère de la croix est une folie pour ceux qui périssent* (1).

Mais pourquoi me tourmenter vainement à re-

cueillir tant de témoignages? Dans les psaumes mystiques, le Christ, en parlant à son Père, ne s'écrie-t-il pas : *Vous connaissez ma folie?* D'ail-

(1) *Aux Corinthiens*, I, I, 18.

leurs, ce n'est pas sans raison que les fous plaisent tant à Dieu. A mon sens, de même que les monarques se méfient des gens trop sensés et les ont en horreur, témoin Jules César, qui ne pouvait souffrir Brutus et Cassius, et auquel l'ivrogne Antoine n'inspirait aucune crainte (1), témoin la conduite de Néron envers Sénèque et celle de Denys envers Platon, tandis qu'ils se plaisent avec les esprits simples et grossiers ; de même le Christ déteste et condamne à jamais ces *sages* qui se parent de leur sagesse. Paul l'atteste clairement par ces paroles : *Dieu a choisi ce que le monde taxe de folie;* et par celles-ci : *Dieu a voulu sauver le monde par la folie,* parce qu'il ne pouvait être régénéré par la sagesse. Dieu lui-même le déclare hautement quand il s'écrie, par la bouche du prophète : *Je perdrai la sagesse des sages et la prudence des prudents,* et lorsqu'il se félicite d'avoir caché aux sages le mystère du salut et de l'avoir révélé aux petits, c'est-à-dire aux fous : car dans le grec, au

---

(1) Les amis de César lui conseillèrent de se tenir en garde contre les manœuvres d'Antoine et de Dolabella. « Non, répondit-il, ce ne sont pas ces débauchés qui sont à craindre ; ce sont les maigres et les pâles. » Il désignait par là Brutus et Cassius.

lieu de *petits*, le mot *simples* est opposé à celui de *sages*.

Ajoutez que le Christ, dans l'Evangile, attaque à chaque instant les pharisiens, les scribes, les docteurs de la loi, et qu'il entoure de sa protection la foule ignorante. Ces paroles : *Malheur à vous, scribes et pharisiens !* ne signifient-elles pas : Malheur à vous, sages ? Des enfants, des femmes, des pêcheurs, voilà ses favoris. Même parmi les animaux, il préfère ceux qui s'éloignent le plus de la finesse du renard. Aussi choisit-il un âne pour monture, lui qui, s'il l'eût voulu, aurait pu sans crainte enfourcher un lion. Le Saint-Esprit est descendu sous la forme d'une colombe, et non sous celle d'un aigle ou d'un milan. Dans les saintes Ecritures, il est fait mention à chaque page des cerfs, des faons et des agneaux. Ajoutez que Jésus nomme *ses brebis* ceux qu'il destine à la vie éternelle. Qu'y a-t-il de plus sot que ces animaux ? Je n'en veux pour preuve que ce mot d'Aristote : *Tête de brebis*, locution, dit-il, qui, empruntée à la stupidité de cette bête, s'adresse comme une injure aux gens imbéciles et bornés. Voilà pourtant le troupeau dont le Christ se déclare le pasteur. Que dis-je ! le nom d'*agneau* lui

plaisait infiniment. Saint Jean, pour le désigner, s'écrie : *Voici l'agneau de Dieu!* et cette expression se rencontre fréquemment dans l'Apocalypse.

Que signifie tout cela, sinon que tous les mortels sont fous, sans en excepter les saints, et que le Christ lui-même, pour remédier à la folie des hommes, bien qu'il soit *la sagesse de son père*, s'est fait en quelque sorte fou, puisqu'en prenant la nature humaine *il s'est fait homme physiquement*, de même qu'il s'est fait le péché pour remédier aux péchés? Il n'a voulu employer d'autre remède que la folie de la croix, et des apôtres ignorants et bornés. Il les détourne de la sagesse et leur recommande soigneusement la folie, quand il leur cite pour modèles les enfants, les lis, le sénevé, les passereaux, tous êtres stupides, privés d'intelligence, vivant au gré de la nature, sans art, sans prévoyance; quand il leur défend de songer à ce qu'ils répondront devant les tribunaux, et qu'il leur interdit d'épier les occasions et les circonstances, ne voulant pas qu'ils comptent sur leur habileté, mais qu'ils se reposent entièrement sur lui. C'est dans cette vue que Dieu, l'architecte de l'univers, défendit, sous peine de châtiment, de goûter de l'arbre de la science, comme si la science était le poison du bonheur. D'ailleurs, Paul la réprouve hautement comme une source d'orgueil et de dangers. Saint Bernard, partageant cette opinion, prétend que la montagne sur laquelle Lucifer s'installa est la montagne de la science.

Mais n'oublions pas l'argument que voici. La

folie jouit des faveurs du Ciel, puisqu'il n'accorde qu'à elle seule le pardon des fautes, et qu'il le refuse au sage. De là vient que les sages qui ont péché se servent, pour obtenir leur pardon, du manteau et du patronage de la folie. Aaron, si j'ai bonne mémoire, implore en ces termes la grâce de sa sœur dans le livre des Nombres : *Je vous en prie, Seigneur, ne nous imputez pas ce péché que nous avons commis follement.* Saül, s'excusant auprès de David : *Il paraît,* dit-il, *que j'ai agi comme un fou.* David, à son tour, apaise ainsi le Seigneur : *De grâce Seigneur, oubliez la faute de votre serviteur, parce que j'ai agi follement,* comme s'il ne pouvait obtenir son pardon qu'en prétextant la folie et l'ignorance. Mais une preuve plus décisive, ce sont les paroles du Christ sur la croix, priant pour ses ennemis : *Mon père, pardonnez-leur ;* il n'allègue d'autre excuse que l'ignorance : *parce qu'ils ne savent pas ce qu'ils font.* Paul écrit de même à Timothée : *Si j'ai obtenu la miséricorde de Dieu, c'est que j'ai agi par ignorance dans l'incrédulité. J'ai agi par ignorance* signifie proprement : j'ai agi par folie, et non par méchanceté. *Si j'ai obtenu la miséricorde de Dieu* veut dire qu'il ne l'aurait point obtenue s'il n'avait pas eu recours au patronage de la folie. L'auteur des psaumes mystiques plaide pour nous dans ce pas-

sage, que j'ai oublié de citer en son lieu : *Oubliez les fautes de ma jeunesse et mes erreurs*. Vous voyez les deux motifs qu'il invoque pour son excuse : la jeunesse, dont je suis la compagne ordinaire, et des erreurs, dont le nombre considérable atteste une large dose de folie.

Mais, pour en finir et pour abréger, je dirai que la religion chrétienne semble avoir une sorte d'affinité avec la folie, et qu'elle ne s'accorde nullement avec la sagesse. En voulez-vous des preuves ? Remarquez d'abord que les enfants, les vieillards, les femmes et les sots aiment particulièrement les cérémonies religieuses, et qu'ils se tiennent toujours près des autels, guidés uniquement par l'instinct de la nature. Vous voyez ensuite que les premiers fondateurs de cette religion, faisant le plus grand cas de la simplicité, ont été les adversaires implacables de la science. Enfin il n'y a pas de fous comparables à ceux que l'ardeur de la piété chrétienne enflamme tout d'un coup. Ils prodiguent leurs biens, méprisent les injures, se laissent tromper, ne mettent pas de différence entre leurs amis et leurs ennemis, abhorrent le plaisir, se repaissent de jeûnes, de veilles, de larmes, de fatigues, d'humiliations. Dégoûtés de la vie, ils ne désirent que la mort ; en un mot, ils paraissent avoir perdu totalement le sens commun, comme si leur âme vivait ailleurs que dans

leur corps. Ne sont-ce pas là tous les symptômes de la folie ? Il ne faut donc pas s'étonner si les apôtres ont été pris pour des gens ivres, et si, aux yeux du juge Festus, Paul a passé pour fou (1). Mais, puisque j'ai revêtu *la peau du lion*, je veux aller plus loin et vous démontrer que la félicité que les chrétiens achètent au prix de tant de sa-

(1) *Actes des Apôtres*, XXVI, 24.

crifices n'est qu'un certain genre de démence et de folie. Ne vous scandalisez pas des mots ; n'envisagez que la chose.

Premièrement, les chrétiens sont presque d'accord avec les platoniciens pour reconnaître que l'âme est enveloppée et emprisonnée dans les liens du corps, et que l'épaisseur de la matière l'empêche de contempler la vérité et d'en jouir. Platon définit la philosophie « l'étude de la mort (1) », parce qu'elle détache l'âme des choses visibles et matérielles, comme le fait la mort. Aussi, tant que l'âme fait bon usage des organes du corps, on la dit sensée ; mais lorsque, rompant ses liens, elle veut s'affranchir et tente de s'échapper de sa prison, elle est réputée folle. Si cette situation provient de la maladie ou de la faiblesse des organes, la folie ne laisse aucun doute. Et pourtant nous voyons ces fous prédire l'avenir, connaître des langues et des sciences qu'ils n'avaient jamais apprises, et donner la marque d'une intelligence divine. Cela vient évidemment de ce que l'âme, un peu dégagée du contact du corps, commence à retrouver sa vertu naturelle.

(1) *Phédon.*

C'est par la même raison qu'il arrive quelquefois aux mourants de tenir un langage prophétique et inspiré. Si pareille chose se produit par une piété vive, ce n'est plus de la folie, mais cela lui ressemble tellement que la plupart des hommes s'y trompent, d'autant plus que cet exemple assez rare est fourni par de pauvres hères que leur genre de vie met complètement en dehors de l'humanité. Ils sont dans la situation de ces gens que Platon nous dépeint dans une allégorie. Enchaînés au fond d'une caverne, ils admirent les ombres des objets : l'un d'eux qui s'était échappé, de retour dans la caverne, annonce à ses camarades qu'il a vu les objets véritables, et qu'ils se trompent fort en prenant des ombres vaines pour la réalité. Ce sage plaint et déplore la folie de ses camarades, dupes d'une si grossière erreur. Ceux-ci, à leur tour, se moquent de lui comme d'un extravagant et le chassent. De même, pour le commun des hommes, plus une chose est matérielle, plus ils l'admirent; ils ne voient rien au delà. Pour les dévots, au contraire, plus une chose se rapproche de la matière, moins ils en font de cas; ils s'adonnent tout entiers à la contemplation des objets invisibles. Les mondains assignent le premier rang aux richesses, le second aux qualités du corps, et placent l'âme en dernier lieu ; la plupart même croient qu'elle n'existe pas, parce qu'on ne la voit point avec les yeux. Les dévots ne vivent absolument que pour Dieu, qui est l'être simple par excellence, et ensuite pour l'âme qui se rapproche le plus de l'image de Dieu. Ils négligent le soin du corps, méprisent souverainement l'argent comme des immondices, et le fuient. S'ils sont obligés de le manier, ils ne le font

qu'avec répugnance et dégoût : *ils ont comme s'ils n'avaient pas ; ils possèdent comme s'ils ne possédaient pas* (1).

Il existe entre eux une différence complète dans toutes les choses de la vie. Quoique tous les sens tiennent du corps, il en est de plus grossiers les uns que les autres, comme le toucher, l'ouïe, la vue, l'odorat, le goût. La mémoire, l'entendement, la volonté, sont moins dépendants du corps. Or, là où l'esprit concentre ses efforts, il prévaut. Les dévots, appliquant toute la force de leur intelligence aux choses les plus étrangères aux sens grossiers, finissent pour ainsi dire par en perdre totalement l'usage ; les mondains, au contraire, excellent dans l'exercice des sens et n'entendent rien au reste. C'est pour cela qu'il est arrrivé, dit-on, à de saints personnages de boire de l'huile pour du vin.

Parmi les passions, il en est qui ont une étroite affinité avec le corps, par exemple : la luxure, la gourmandise, la paresse, la colère, l'orgueil, l'envie. Les dévots leur font une guerre implacable ; les mondains s'imaginent, au contraire, que sans

---

(1) Saint Paul, *Épître aux Corinthiens*, I, 7.

elles on ne vit pas. Il y a ensuite des passions mixtes et en quelque sorte naturelles, comme l'amour de la patrie, la tendresse pour ses enfants, pour ses parents, pour ses amis. Le monde est accessible à ces sentiments ; les dévots s'efforcent de les déraciner de leur cœur, ou plutôt de les spiritualiser. Ainsi, ils aiment leur père non comme étant leur père, car il n'a engendré que leur corps, qu'ils doivent encore plus à Dieu, père de toutes choses ; mais comme un homme de bien en qui brille l'image de cette intelligence divine qu'ils considèrent seule comme le bien suprême, et hors de laquelle ils prétendent qu'on ne doit rien aimer ni rien désirer. Ils appliquent cette règle à tous les devoirs de la vie. S'ils ne font pas fi complètement de tous les objets visibles, ils les mettent du moins bien au-dessous des objets invi-

Ils disent que jusque dans les sacrements et dans les devoirs de la piété figurent le corps et l'esprit. Dans le jeûne, par exemple, ils comptent pour peu de chose l'abstinence de la viande et la privation d'un repas (ce qui pour le vulgaire constitue tout le jeûne), si en même temps on ne réprime ses passions en modérant sa colère et son orgueil, afin que l'âme, dégagée du poids du corps, puisse connaître et goûter les biens célestes. De même, au sujet de la messe, sans en dédaigner les cérémonies, ils disent que par elles-mêmes elles sont peu utiles et même nuisibles, si l'on ne se pénètre du sens spirituel figuré par les symboles. La messe est la représentation de la mort du Christ. C'est en domptant leurs passions, en les étouffant, en les ensevelissant, pour ainsi dire, que les mortels doivent la reproduire, afin de renaître à une vie nouvelle pour ne faire qu'un avec le Christ et entre eux. C'est ainsi que pensent et agissent les dévots. Les mondains, au contraire, croient que le sacrifice de la messe consiste simplement à se tenir devant l'autel, le plus près possible, à écouter le bruit des chants, à regarder les cérémonies. Ce n'est pas seulement dans les cas que je viens de citer, c'est dans sa vie entière, que le dévot évite tout ce qui se rattache au corps, pour s'élever vers les objets éternels, invisibles et spirituels. Aussi, en raison de cette différence absolue qui les divise sur toutes choses, les uns et les autres se taxent réciproquement de folie. J'avoue que, selon moi, ce mot appartient mieux aux dévots qu'aux mondains. Pour vous en convaincre, je vais vous démontrer brièvement, comme je l'ai promis, que cette félicité suprême n'est autre chose qu'un genre de folie.

Remarquez d'abord que Platon abondait dans mon sens lorsqu'il a écrit que le délire des amants était la plus grande des félicités. En effet, celui qui aime ardemment vit non en lui, mais dans l'objet aimé, et plus il se détache de lui-même pour s'identifier avec cet objet, plus il est heureux. Quand l'âme veut échapper du corps et qu'elle ne maîtrise plus ses organes, il y a évidemment délire. Autrement, que signifieraient ces expressions vulgaires : *Il est hors de lui.... Revenez à vous.... Il est revenu à lui?.....* Or, plus l'amour est parfait, plus le délire est profond et délicieux. Quelle sera donc cette vie des bienheureux après laquelle les âmes pieuses soupirent si ardemment ? L'esprit, tout-puissant et victorieux, absorbera le corps, et cela d'autant plus aisément que pendant la vie il l'aura préparé à cette transformation par le jeûne et la pénitence. A son tour, l'esprit sera absorbé par cette intelligence souveraine qui lui est infiniment supérieure : d'où il résulte que l'homme tout entier sera hors de lui-même, et qu'il ne sera heureux qu'à la condition de ne plus s'appartenir, pour goûter les douceurs ineffables de ce souverain bien qui concentre tout en lui.

Il est vrai que ce bonheur parfait n'aura lieu que quand l'âme, ayant repris son ancien corps, jouira de l'immortalité. Néanmoins, comme la vie des dévots n'est autre chose qu'une étude et en quelque sorte une image de cette vie, il leur arrive parfois d'éprouver un avant-goût de cette récompense. Quoique ce ne soit qu'une toute petite gouttelette au prix de cet océan de la félicité éternelle, elle surpasse de beaucoup tous les plaisirs du corps, lors même que l'on réunirait ensemble

tontes les jouissances de tous les mortels, tant le spirituel l'emporte sur le matériel et l'invisible sur le visible ! C'est là ce que prédit le prophète : *L'œil n'a pas vu, l'oreille n'a pas ouï, et le cœur de l'homme n'a jamais senti ce que Dieu a préparé pour ceux qui l'aiment* (1). C'est en cela que consiste la part de folie, que la mort ne détruit pas, mais complète. Or ceux qui jouissent de ce bonheur (et le nombre en est très petit) éprouvent des transports qui ressemblent à la démence. Ils tiennent des discours sans suite, qui n'ont rien de naturel, articulent des mots vides de sens et changent successivement de physionomie. Tantôt joyeux, tantôt abattus, ils pleurent, rient, gémissent, en un mot ils sont véritablement tout hors d'eux-mêmes. Puis, quand ils sont revenus à eux, ils ne savent plus où ils étaient, s'ils étaient dans leur corps ou hors de leur corps, éveillés ou endormis ; ils ne se souviennent que comme à travers un brouillard ou un songe de ce qu'ils ont vu, ouï, dit et fait ; ils savent seulement qu'ils ont été très heureux pendant leur délire. Aussi regret-

---

(1) Isaïe, cité par saint Paul dans sa première Épître aux Corinthiens, ch. II, v. 9.

tent-ils amèrement d'avoir recouvré la raison; ils donneraient tout au monde pour jouir éternellement de cette sorte de folie. Ce n'est pourtant qu'un faible avant-goût de leur future félicité.

Mais voilà longtemps que je m'oublie et que je *franchis les limites.* S'il vous semble que j'ai jasé avec trop de sang-gêne et de loquacité, songez que c'est la Folie, et que c'est une femme qui a parlé. Mais en même temps rappelez-vous ce proverbe grec : *Souvent un fou parle à propos,* à moins que vous ne pensiez qu'il ne soit pas applicable aux femmes. Je vois que vous attendez une péroraison ; mais vous êtes bien fous si vous croyez que je me rappelle un seul mot de tout le fatras que je vous ai débité. Un vieil adage dit : *Je hais le convive qui a de la mémoire.* En voici un nouveau : *Je hais l'auditeur qui se souvient.* Par conséquent, portez-vous bien, applaudissez, vivez, buvez, illustres adeptes de la Folie.

EXTRAIT

DE LA

LETTRE APOLOGÉTIQUE

D'ÉRASME A MARTIN DORP

Professeur de théologie à l'Académie de Louvain.

Votre lettre ne m'a pas été rendue ; mais pourtant un de mes amis m'en a montré à Anvers une copie qu'il avait reçue je ne sais comment. Vous déplorez la publication malheureuse de la *Folie* ; vous approuvez fort mon projet de restituer le texte de saint Jérôme ; vous me détournez de publier le *Nouveau Testament*. Tant s'en faut, mon cher Dorp, que cette lettre de vous m'ait offensé en rien, que vous m'êtes devenu depuis bien plus cher, quoique vous m'ayez été toujours très-cher, tellement il y a de sincérité dans vos avis, d'amitié dans vos conseils, de tendresse dans vos reproches. La charité chrétienne a cela de propre que, même lorsqu'elle est le plus irritée, elle exhale le parfum de sa douceur native. Je reçois tous les jours quantité de lettres de savants qui me nomment la gloire de l'Allemagne, qui me comparent au soleil et à la lune, et qui m'accablent plus qu'ils ne me parent des titres les plus pompeux. Eh bien, que je meure si une seule de ces lettres m'a fait autant de plaisir que la lettre de réprimande de mon cher Dorp! Saint Paul a dit avec raison que *la charité ne pèche pas* (1) : si elle flatte, c'est pour être utile ; si elle se fâche, c'est toujours dans le même but.

Plût au ciel qu'il me fût permis de répondre à loisir à votre lettre afin de m'acquitter envers un tel ami ! Je désire vivement gagner en tout ce que je fais votre approbation. Je fais un si grand cas de votre esprit presque divin, de votre érudition sans pareille, de la profondeur de votre jugement, que le suffrage seul de Dorp a pour moi plus de prix que mille autres. Mais, encore souffrant du

---

(1) *Epîtres aux Corinthiens*, 1, 13, 4.

mal de mer, fatigué d'avoir été à cheval et, de de plus, occupé à ranger mes bagages, j'ai pensé qu'il valait mieux répondre tant bien que mal, plutôt que de laisser mon ami dans cette opinion, soit que vous l'ayez conçue de vous-même, soit qu'elle vous ait été insinuée par d'autres qui vous ont suborné pour m'écrire cette lettre, afin de jouer leur comédie sous un masque d'emprunt.

Je vous l'avouerai franchement, je suis presque fâché d'avoir publié la *Folie*. Ce livre m'a procuré un peu de gloire, ou, si vous aimez mieux, de réputation. Mais je ne tiens pas à la gloire où se mêle l'envie. D'ailleurs, grands dieux, tout ce qu'on nomme communément gloire, qu'est-ce, sinon un mot totalement vide de sens, légué par le paganisme ? Il subsiste plus d'une expression de ce genre chez les chrétiens, qui appellent immortalité la réputation qu'on laisse à la postérité, et vertu l'amour des lettres quelles qu'elles soient. Dans tous les livres que j'ai publiés, je n'ai eu d'autre but que de me rendre utile par mon travail. A défaut de cela, j'ai tenu du moins à ne causer de tort à personne.

Aussi, tandis que nous voyons même des grands

hommes abuser de leur savoir pour satisfaire leurs passions : l'un chanter ses amours ridicules, l'autre flatter ceux qu'il veut amadouer ; celui-ci, insulté, riposter à coups de plume ; celui-là se faire sa trompette et surpasser, en célébrant ses louanges, les Thrasons et les Pyrgopolinices (1) ; néanmoins, malgré mon peu de talent et mon mince savoir, j'ai toujours visé à être utile autant que je le pouvais, ou du moins à ne blesser personne. Homère a vengé sa haine contre Thersite par une sanglante hypotypose. Combien de gens Platon n'a-t-il pas blessés dans ses *Dialogues* en les désignant par leurs noms ? Aristote a-t-il ménagé quelqu'un, lui qui n'a épargné ni Platon ni Socrate ? Démosthène s'est répandu en invectives contre Eschine. Cicéron en a fait autant contre Pison, contre Vatinus, contre Salluste, contre Antoine. Que d'individus Sénèque raille et censure en les nommant! Si nous envisageons les modernes, Pétrarque contre un médecin, Valla (2) contre le Pogge (3),

(1) Types du soldat fanfaron dans les comédies de Plaute.
(2) Laurent Valla, humaniste italien, fut historiographe d'Alphonse V, roi d'Aragon, puis secrétaire apostolique du pape Nicolas V. (406-457.)
(3) Humaniste italien, chancelier de Florence. (1380-1459.)

Politien (1) contre Scala (2), ont fait une arme de leur plume. Pourrait-on m'en citer un seul parmi les plus modérés qui n'ait froissé personne dans ses écrits ? Saint Jérôme lui-même, avec toute sa piété et sa sagesse, n'a pu s'empêcher de prendre feu contre Vigilance (3), d'attaquer durement Jovinien (4) et de se déchaîner contre Rufin (5). Les savants ont toujours eu pour habitude de confier au papier, comme à un ami fidèle, leurs chagrins ou leurs joies, et d'épancher dans son sein les agitations de leur cœur. Il en est même qui n'ont composé des livres que pour y insérer en passant leurs impressions personnelles et les transmettre ainsi à la postérité.

Quant à moi, qui ai publié tant de volumes où je loue de très-bonne foi nombre de personnes, je le demande, de qui ai-je jamais dénigré la réputation ? A qui ai-je fait la plus légère offense ? Quelle nation, quel ordre, quel individu ai-je critiqués en les nommant ? Et si vous saviez, mon

---

(1) Humaniste italien (1454-1494).
(2) Littérateur italien, chancelier de Florence (1430-1597).
(3) Hérésiarque gaulois de la fin du IV⁰ siècle.
(4) Hérésiarque romain, mort après 412.
(5) Ecrivain ecclésiastique romain (345-410).

cher Dorp, combien de fois j'ai été poussé à le faire par des outrages que nu n'aurait supportés ! Néanmoins, j'ai toujours maîtrisé mon ressentiment : j'ai moins songé au traitement que méritait une telle malveillance qu'au jugement que porterait de moi la postérité. Si le public avait connu la vérité aussi bien que moi, on ne m'aurait pas jugé mordant, mais bienveillant, plein de réserve et de modération.

Je me suis dit : « Qu'importent aux autres nos passions personnelles ? Parlera-t-on de nos démêlés dans les pays lointains ou dans l'avenir ? Je ferai non ce que méritent mes adversaires, mais ce qui est digne de moi. D'ailleurs je n'ai point de si grand ennemi que je ne souhaite, s'il est possible, convertir en ami. Pourquoi m'en ôter les moyens ? Pourquoi écrire maintenant contre un ennemi ce qu'un jour je voudrais vainement n'avoir point écrit contre un ami ? Pourquoi noircir celui à qui je ne pourrai plus rendre sa blancheur, lors même qu'il l'aurait mérité ? J'aime mieux pécher en prônant des gens qui en sont peu dignes qu'en blâmant ceux qui le méritent. Louer quelqu'un à tort passe pour de la naïveté ; si au contraire vous peignez au vif l'être le plus méprisable, on l'impute non à sa conduite, mais à votre passion : sans compter que les représailles qui s'ensuivent amènent quelquefois une grande guerre, et que les mauvais propos que l'on se lance tour à tour, de part et d'autre, allument souvent un terrible incendie. Et de même qu'il n'est pas chrétien de rendre le mal pour le mal, il n'est pas d'un cœur généreux de venger son ressentiment par des injures, comme font les femmes. »

Guidé par ces considérations, je me suis promis de bannir de mes écrits tout ce qui peut nuire ou blesser, et de ne les ternir jamais par l'ombre du mal. Je me suis proposé dans la *Folie* le même dessein que dans mes autres ouvrages, quoique par des moyens différents. Dans le *Manuel* (1), j'ai tracé simplement le tableau de la vie chrétienne. Dans le livre de l'*Éducation d'un prince*, j'ai exposé ouvertement tous les devoirs d'un chef d'État. Dans le *Panégyrique* (2), sous le voile de la louange, j'ai traité indirectement le sujet que

(1) *Le Manuel du chrétien.*
(2) Panégyrique de Philippe le Beau, duc de Bourgogne et roi de Castille, prononcé par Érasme, à Bruxelles, le 6 janvier 1504.

j'ai développé plus haut à visage découvert. La *Folie* n'est que la reproduction, sous une forme badine, des idées contenues dans le *Manuel*. J'ai voulu avertir, et non attaquer ; être utile, et non offenser ; réformer les mœurs, et non scandaliser.

Platon, ce philosophe si grave, approuve les nombreuses rasades, parce qu'il sait que la gaieté du vin dissipe certains vices que la sévérité ne saurait corriger. Horace est d'avis que dans les conseils le ton badin ne réussit pas moins que le sérieux : *Qui empêche*, écrit-il, *de dire la vérité en riant* (1) ? Ils le sentaient bien, ces hommes les plus sages de l'antiquité, qui ont mieux aimé exposer les préceptes de conduite les plus salutaires dans des fables en apparence ridicules et puériles, parce que la vérité un peu austère par elle-même, embellie par l'attrait du plaisir, pénètre plus aisément dans l'esprit des mortels. C'est là ce miel que, dans Lucrèce, le médecin, pour guérir l'enfant, applique autour d'une coupe d'absinthe. Les princes, en introduisant jadis dans leurs cours cette espèce de fous, ont voulu, grâce à une liberté de langage dont personne ne s'offen-

---

(1) *Satires*, 1, 24.

sait, connaître leurs défauts et s'en corriger. Peut-être serait-il inconvenant de faire figurer le Christ sur cette liste ; mais, s'il est permis de comparer en quelque sorte les choses du ciel à celles de la terre, ses paraboles n'ont-elles pas une certaine affinité avec les fables des anciens ? La vérité évangélique, ornée de cette parure, se glisse doucement dans les cœurs et s'y grave plus avant que si elle se présentait toute nue. C'est ce que saint Augustin démontre éloquemment dans son ouvrage de la *Doctrine chrétienne*.

En voyant à quel point l'esprit des hommes était gâté par les opinions les plus déraisonnables, et cela dans toutes les conditions de la vie, je souhaitais un remède sans trop l'espérer. Je crus donc avoir trouvé le moyen, grâce à cet artifice, de m'insinuer en quelque sorte dans les oreilles délicates, et de guérir tout en plaisant. J'avais remarqué bien des fois que cette façon agréable et badine d'admonester réussit à merveille. Si vous me répondez que le personnage que j'ai mis en scène est trop frivole pour se prêter à la discussion de matières sérieuses, peut-être avouerai-je mon tort. Ce n'est pas précisément le reproche d'ineptie que je repousse, c'est celui d'aigreur, bien que je puisse parfaitement me laver du premier en invoquant, à défaut d'autres raisons, l'exemple de tant d'hommes considérables que j'ai cités dans la préface de mon livre.

Que pouvais-je faire? J'arrivais alors d'Italie, et j'étais logé chez mon ami Morus (1). Un mal de reins me forçait de garder la chambre pendant plusieurs jours ; mes livres n'étaient pas encore arrivés, et, lors même qu'ils eussent été à ma disposition, la maladie ne me permettait pas de me livrer à des travaux sérieux. Je me mis à composer, en m'amusant, l'*Eloge de la Folie*, non dans le dessein de le publier, mais pour faire diversion aux souffrances de la maladie. J'en fis goûter le commencement à quelques bons amis, afin de rire davantage par une lecture en commun. Ils en furent enchantés et m'engagèrent à continuer. J'obéis, et je consacrai à cette besogne à peu près sept jours ; dépense de temps qui, je l'avoue, me parut considérable, vu la futilité du sujet. Depuis, ces mêmes amis qui m'avaient poussé à écrire emportèrent mon livre en France où on l'imprima, mais d'après une copie tout à fait inexacte et tron-

---

(1) Homme d'Etat et écrivain anglais (1480-1535).

quée. Cela me contraria d'autant plus que dans l'espace de quelques mois il en parut plus de sept éditions, qui le répandirent de tous côtés. J'étais surpris moi-même d'un pareil engouement.

Si vous appelez cela une sottise, mon cher Dorp, j'accepte votre accusation, ou du moins, je n'irai pas à l'encontre. Cette sottise, l'oisiveté et la déférence pour mes amis en sont la cause, et c'est la seule que j'aie commise dans ma vie. Quel est l'homme sage à toute heure? Vous convenez vous-même que mes autres productions sont fort estimées des gens pieux ainsi que des savants. Quels sont donc ces censeurs si rigides, ou plutôt ces aréopagites, qui ne veulent point pardonner à un homme une seule ineptie? Par quel excès d'humeur chagrine, choqués d'un livre qui prête à rire, dépouillent-ils tout d'un coup un écrivain du fruit de tant de veilles antérieures? Que de sottises cent fois plus fortes que celle-là ne pourrais-je pas relever ailleurs, et même dans de grands théologiens qui, forgeant des questions contentieuses et vides de sens, ferraillent entre eux pour de misérables vétilles comme s'il s'agissait de leurs autels et de leurs foyers! Et encore, ces farces extravagantes, beaucoup plus absurdes que les atellanes (1), ils les jouent sans masque. Moi, du moins, j'ai montré plus de réserve : en voulant déraisonner, j'ai pris le masque de la Folie, et, de même que dans Platon (2) Socrate se couvre le visage pour réciter les louanges de l'Amour, j'ai joué cette comédie sous un déguisement.

Vous dites que ceux mêmes à qui le sujet déplaît louent l'esprit, le savoir et l'éloquence qui y règnent, mais que sa forme trop mordante les blesse. Ces censeurs me font plus d'honneur que je ne veux, car je ne tiens pas à ces éloges, surtout venant de gens à qui je ne reconnais ni esprit, ni savoir, ni éloquence. S'ils étaient doués de ces qualités, croyez-le bien, mon cher Dorp, ils ne s'offenseraient pas de tant de badinages plus salutaires qu'ingénieux et savants. Je vous le demande au nom des Muses, quels yeux, quelles oreilles, quel palais ont donc ceux que blesse dans ce livre la causticité? D'abord quelle causticité peut-il y avoir là où pas un nom n'est censuré, hors le mien? A-t-on donc oublié ce que Jérôme répète tant de fois, qu'une discussion géné-

---

(1) Petites pièces bouffonnes et licencieuses ainsi nommées de Atella, ville de la Campanie.

(2) *Phèdre.*

rale des vices n'a rien de blessant pour personne?
Si quelqu'un s'en offense, il a tort de s'en prendre
à l'auteur : c'est à lui-même, s'il veut, qu'il doit
demander réparation, car il se trahit en déclarant
que c'est lui personnellement que concerne un langage qui, s'adressant à tout le monde, n'atteint
que ceux qui veulent se l'approprier. Ne voit-on
pas que dans tout l'ouvrage, loin d'attaquer les
individus, ma critique ménage même les nations?
En signalant l'amour-propre particulier à chaque
peuple, j'assigne aux Espagnols la gloire militaire,
aux Italiens la littérature et l'éloquence, aux Anglais la bonne chère et la beauté physique, aux
autres, enfin, des qualités de ce genre, que leurs
nationaux avoueront volontiers ou du moins dont
ils riront. En outre, quand, pour obéir aux nécessités de mon sujet, je passe en revue toutes les
conditions sociales et que je relève les défauts de
chacune, je le demande, me suis-je servi d'un
seul seul mot obscène ou venimeux? Ai-je ouvert
la sentine des vices? Ai-je remué le bourbier
secret de la vie humaine? Assurément, que de
choses j'aurais pu dire contre les mauvais pontifes,
contre les évêques et les prêtres pervers, contre
les princes vicieux, enfin contre tous les ordres

sans exception, si, à l'exemple de Juvénal, je n'avais pas rougi d'écrire ce que bien des gens ne rougissent pas de faire! J'ai montré le côté plaisant et risible plutôt que le côté hideux, et encore ai-je eu soin de glisser en passant des conseils sur les devoirs les plus sérieux de la vie, dont la connaissance importe essentiellement.

Je sais que vous n'avez pas le temps de descendre à de pareilles frivolités; mais, si jamais vous avez un moment de reste, examinez avec un peu d'attention ces plaisanteries bouffonnes de la *Folie*: vous verrez assurément qu'elles ont bien plus de rapport avec les dogmes des Évangélistes et des Apôtres que certaines dissertations pompeuses que l'on trouve dignes des grands maîtres. Vous convenez vous-même, dans votre lettre, que ce livre renferme beaucoup de vérités, mais votre opinion est qu'il ne fallait pas *blesser les oreilles délicates par des vérités mordantes* (1). Si vous pensez qu'il est défendu de parler librement et que la vérité ne doit se produire qu'autant qu'elle est inoffensive, pourquoi les médecins emploient-ils des drogues amères et regardent-ils le *hiera-*

---

(1) Perse, *Satires*, I, 107.

picra (1) comme un des remèdes les plus souverains? Puisque ceux qui guérissent les maux du corps agissent ainsi, n'avons-nous pas cent fois le droit d'en faire autant pour guérir les maladies de l'âme? *Supplie*, dit Paul, *blâme, gourmande, opportunément, importunément* (2). L'Apôtre veut que l'on fasse la guerre aux vices par tous les moyens, et vous ne voulez pas que l'on touche à aucune plaie, même en usant de tels ménagements qu'il ne peut y avoir de blessé que celui qui prend plaisir à se blesser lui-même?

S'il existe un moyen de guérir les vices des hommes sans faire de tort à personne, le meilleur de tous, assurément, c'est quand on ne cite aucun nom, ensuite quand on fait des détails qui répugnent à l'oreille des honnêtes gens (car, de même que dans la tragédie, il y a des faits trop hideux pour être exposés aux regards des spectateurs, et qu'il suffit de raconter, de même dans les mœurs des hommes il y a des choses trop obscènes pour qu'on puisse en parler sans rougir); enfin, quand les choses sont présentées d'une façon plai-

---

(1) Electuaire purgatif ainsi nommé à cause de son amertume et des vertus miraculeuses qu'on lui attribuait.

(2) *Épîtres* à Timothée, II, IV, 2.

sante, sous un masque bouffon, en sorte que la gaieté du langage exclut toute offense. Ne voyons-nous pas quel effet produit parfois, même sur des tyrans cruels, une plaisanterie agréable dite avec à-propos? Je vous le demande, quelle prière, quel discours sérieux aurait pu désarmer la colère de ce roi aussi aisément que le fit le bon mot d'un soldat? *Ah! s'écria-t-il, si la bouteille ne nous avait fait défaut, nous en aurions dit bien d'autres sur votre compte.* Le roi (1) se mit à rire et pardonna. Ce n'est pas sans raison que les deux plus grands rhéteurs, Cicéron et Quintilien, développent avec tant de soin les moyens d'exciter le rire. Le charme et l'agrément de la conversation ont une telle puissance que des mots piquants décochés adroitement, même contre nous, nous font plaisir; témoin ce que l'histoire rapporte de Jules César.

Or, puisque vous reconnaissez que j'ai écrit la vérité et que mon style est enjoué sans être obscène, quel meilleur moyen pouvait-on imaginer pour remédier aux maux qui sont le partage de l'humanité? Le plaisir allèche d'abord le lecteur et,

---

(1) Pyrrhus.

après l'avoir alléché, il le captive. En général, les goûts sont différents ; le plaisir flatte également tout le monde, à moins qu'on ne soit trop stupide pour être accessible au sentiment du plaisir littéraire. Certes, ceux qui s'offensent d'un livre où personne n'est nommé ressemblent, à mon avis, à ces commères qui, entendant attaquer les femmes de mauvaise vie, se fâchent, comme si ce blâme s'appliquait à toutes, et qui ensuite, lorsqu'on loue les femmes honnêtes, s'applaudissent comme si le mérite de deux ou trois concernait le sexe entier. Une pareille ineptie est indigne d'un homme, à plus forte raison d'un homme instruit, mais surtout d'un théologien. Si je rencontre là un vice dont je suis innocent, loin de m'en offenser, je me féliciterai d'être exempt d'un mal dont je vois que beaucoup d'autres sont atteints. Si, au contraire, on touche à quelque ulcère et que je me reconnaisse comme dans un miroir, il n'y a pas de quoi m'offenser. Si je suis prudent, je dissimulerai mon impression et n'irai pas me trahir moi-même ; si je suis honnête, je me tiendrai pour averti et ferai en sorte qu'on ne puisse pas désormais m'appliquer directement en face ce reproche que je vois énoncé indirectement.

Pourquoi ne pas accorder au moins à ce livre ce que les ignorants mêmes admettent dans les comédies publiques? Que de sarcasmes n'y lance-t-on pas en toute liberté contre les monarques, contre les prêtres, contre les moines, contre les femmes, contre les maris, que sais-je encore? Et pourtant, parce que personne n'est attaqué nommément, tout le monde rit et chacun avoue ingénument sa faiblesse, ou la dissimule prudemment. Les tyrans les plus farouches supportent leurs bouffons et leurs fous, qui les blessent quelquefois par des insultes manifestes. L'empereur Vespasien ne punit pas celui qui lui reprochait d'avoir la mine d'un homme qui va à la selle. Quels sont donc ces gens à l'oreille si délicate qui ne souffrent même pas que la *Folie* plaisante sur la vie des hommes en général, sans stigmatiser un seul nom? Jamais la comédie antique n'aurait été sifflée si elle se fût abstenue de désigner par leurs noms les hommes illustres.

Cependant, excellent Dorp, vous m'écrivez presque comme si le livre de la *Folie* m'avait aliéné tout l'ordre théologique. « Quelle nécessité, dites-vous, d'attaquer si vivement l'ordre des théologiens? » Puis vous plaignez mon sort. « Autrefois, ajoutez-vous, tout le monde lisait vos ouvrages avec un vif empressement, on mourait d'envie de vous voir; aujourd'hui, la *Folie*, comme Dave (1), gâte tout. » Je sais que vous écrivez toujours sans arrière-pensée, et je n'userai pas de détours avec vous. En vérité, pensez-vous qu'on attaque l'ordre théologique en blâmant les théologiens insensés ou méchants, et par conséquent, indignes de ce nom? A ce compte, quiconque blâmera les scélérats aura pour ennemi tout le genre humain. Quel est le roi assez impudent pour ne pas reconnaître qu'il y a de mauvais rois, indignes de cet honneur? Quel est l'évêque assez hardi pour n'en pas dire autant de son ordre? L'ordre de théologiens, parmi tous ses membres, ne compte-t-il aucun sot, aucun ignorant, aucun querelleur, et ne nous offre-t-il que des Paul, des Basile et des Jérôme? Non, il s'en faut, car plus une profession est relevée, moins elle a de sujets qui y répondent. On trouve plus de bons pilotes que de bons princes, plus de bons médecins que de bons évêques. Du reste, ce fait n'est point à la honte de l'ordre, mais à la

(1) Esclave d'Horace introduit par le poète dans une de ses satires (II, 7) et qui, usant de la liberté des saturnales, dit à son maître ses vérités.

louange du petit nombre de ceux qui se sont le plus distingués dans l'ordre le plus éminent. Dites-moi, je vous prie, pourquoi les théologiens, si toutefois il en est d'offensés, s'offensent-ils plutôt que les rois, que les grands, que les magistrats, que les évêques, que les cardinaux, que les souverains pontifes; enfin plutôt que les commerçants, que les maris, que les femmes, que les jurisconsultes, que les poètes (car la *Folie* n'a excepté aucune condition sociale), si ce n'est qu'ils sont assez dépourvus de sens pour s'appliquer à eux-mêmes ce qui s'adresse en général aux méchants ?

FIN

ÉMILE COLIN — IMPRIMERIE DE LAGNY

AVIS DE L'ÉDITEUR

Le but de la collection des *Auteurs célèbres*, à **60 centimes** le volume, est de mettre entre toutes les mains de bonnes éditions des meilleurs écrivains modernes et contemporains.

Sous un format commode et pouvant en même temps tenir une belle place dans toute bibliothèque, il paraît chaque quinzaine un volume.

CHAQUE OUVRAGE EST COMPLET EN UN VOLUME

POUR LES Nos 1 A 325, DEMANDER LE CATALOGUE SPÉCIAL

326. TOPFFER (R.), La Bibliothèque de mon Oncle.
327. TOPFFER (R.), Nouvelles Genevoises.
328. CORDAY (MICHEL), Misères secrètes.
329. CIM (ALBERT), Les Amours d'un Provincial.
330. RICHEBOURG (ÉMILE), Le Portrait de Berthe.
331. DURIEU (LOUIS), Le Pion.
332. DAUDET (ERNEST), Les Douze Danseuses du Château de Lamole.
333. NERVAL (GÉRARD DE), Aurélia.
334. MAEL (PIERRE), Le Roman de Joël.
335. SIEBECKER (ÉDOUARD), Récits Héroïques.
336. SCHOLL (AURÉLIEN), L'Amour d'une Morte.
337. DOSTOÏEWSKY, Les Précoces.
338. HÉGÉSIPPE MOREAU, Le Myosotis.
339. AUTEURS CÉLÈBRES, Chroniques et Contes.
340. GARCHINE, La Guerre.
341. MAURICE VAUCAIRE, Le Danger d'être aimé.
342. ERNEST DAUDET, Le prince Pogoutsine.
343. JEAN DRAULT, Les Aventures de Bégassoun.
344. P. CASTANIER, Le Roman d'un amoureux.
345. HENRY LAPAUZE, De Paris au Volga (couronné).
346. LOUIS BARRON, Paris étrange.
347. CORA PEARL, Mémoires.
348. GIP, Dans le train.
349. HABERT DE GINESTET, Souvenirs d'un prisonnier de guerre en Allemagne.
350. VOLTAIRE, L'Ingénu.

En jolie reliure spéciale à la collection, 1 fr. le volume.

(ENVOI FRANCO CONTRE MANDAT OU TIMBRES-POSTE)

58677. — Imprimerie LAHURE, rue de Fleurus, 9, à Paris.

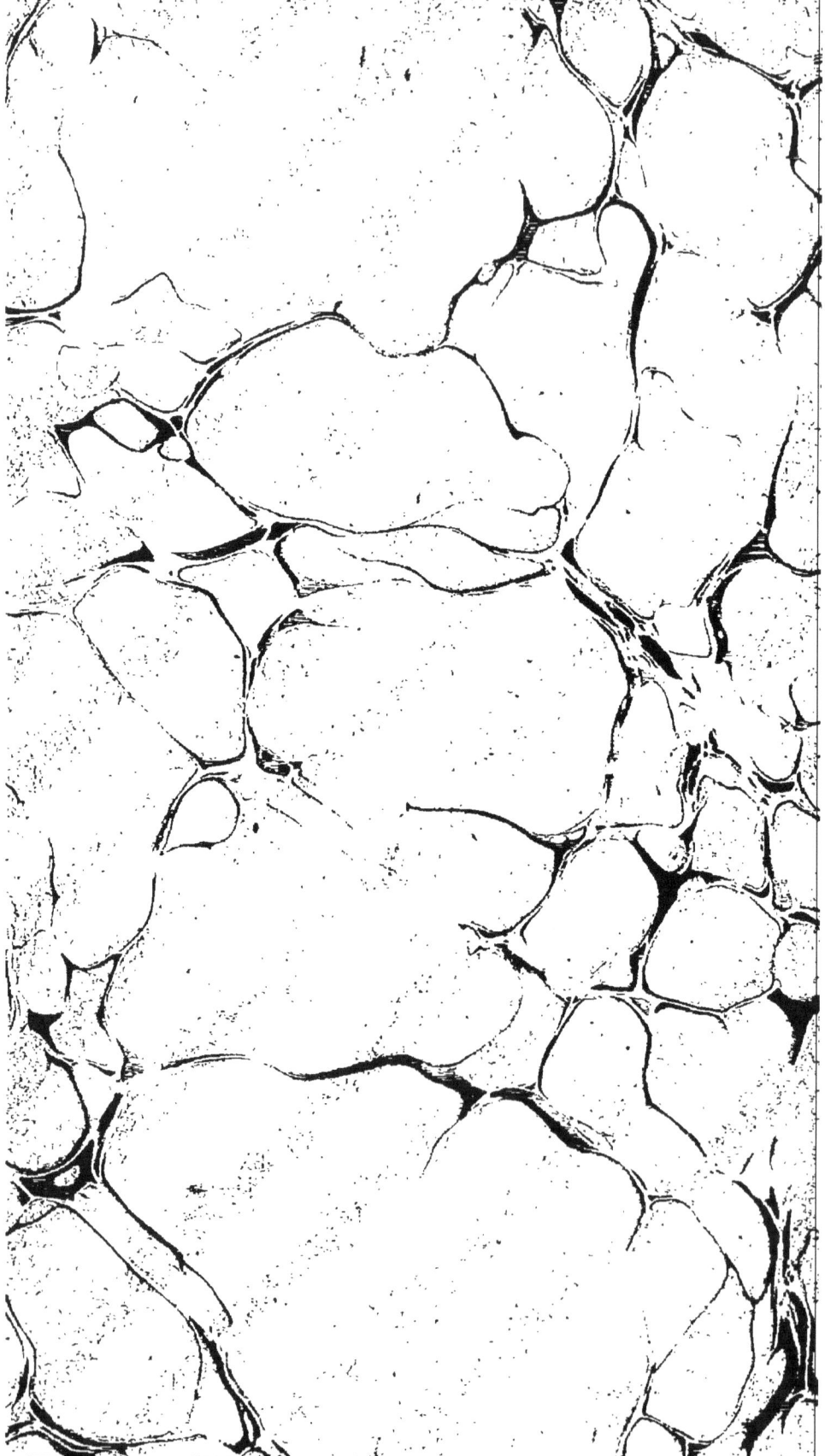

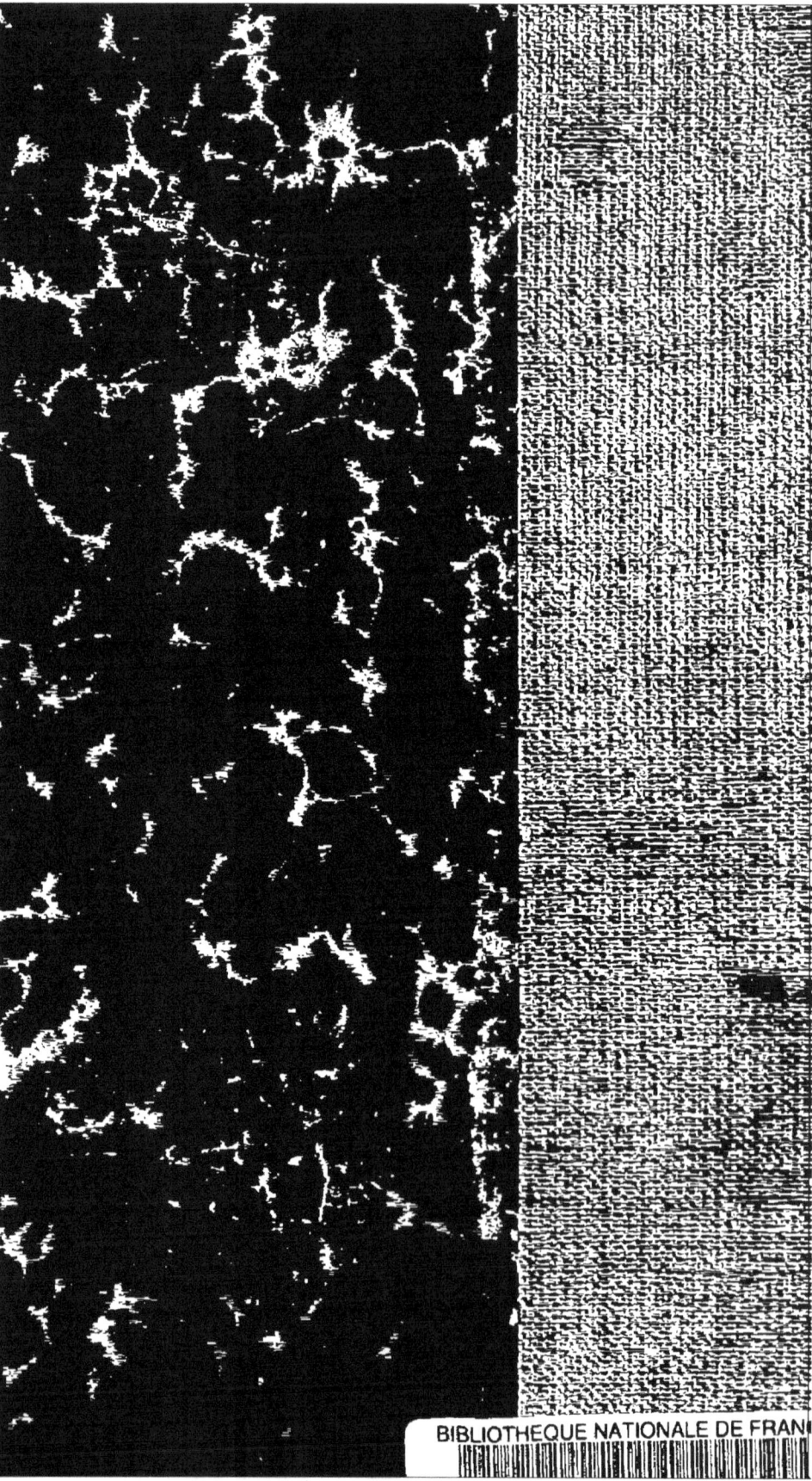

www.ingramcontent.com/pod-product-compliance
Lightning Source LLC
Chambersburg PA
CBHW050658170426
43200CB00008B/1336